dtv

Reihe Hanser

Mit drei Kindern und einem neuen großen Auftrag als Illustratorin hat Clara gut zu tun. Ehemann Daniel ist für Gleichberechtigung, hat aber nie Zeit, wenn sie ihn bräuchte. Gleichzeitig muss für Willi (3) ein Kindergartenplatz gefunden werden, Paula (11) verschwindet am liebsten in ihrem Smartphone und Tim (7) findet Arbeit im Allgemeinen langweilig, genau wie seine Geschwister. Als der lang ersehnte Auftrag für die Illustration eines Kinderbuchs kommt, merkt Clara, dass sich was ändern muss.

Amelie Fried, 1958 in Ulm geboren, wurde zuerst als Fernsehmoderatorin bekannt und feiert heute als Autorin von Romanen, Sach- und Kinderbüchern große Erfolge. Für »Hat Opa einen Anzug an« (mit Illustrationen von Jacky Gleich) erhielt sie den Deutschen Jugendliteraturpreis.

Hildegard Müller, geboren 1957, studierte Kommunikationsdesign und Kunstpädagogik. Sie lebt als Grafikdesignerin, Illustratorin und Autorin in Ginsheim bei Mainz. Für ihre Bilderbücher wurde sie mehrfach ausgezeichnet.

Amelie Fried

Ich bin hier bloß die Mutter

Gestaltung und Illustration
Hildegard Müller

Kapitel 1

... in dem die Familie Baumann vorgestellt wird und Tiere fast keine Rolle spielen

Wollt ihr auch so gerne wissen, wie es in anderen Familien zugeht? Mich interessiert das brennend, deshalb gucke ich beim Spazierengehen immer in die Wohnungen anderer Leute und belausche im Café und in der U-Bahn ihre Gespräche. Ich weiß, dass man das eigentlich nicht tut, aber es ist einfach so interessant!

Damit ihr nicht heimlich bei uns in die Wohnung gucken oder uns belauschen müsst, erzähle ich euch jetzt, wie es bei uns so läuft. Wir, das sind die Baumanns. Zu unserer Familie gehören mein Mann Daniel und unsere Kinder Paula (11), Tim (7) und Willi (3). Auch zwei Opas und zwei Omas und ein paar Onkel, Tanten, Cousins und Cousinen gehören dazu, aber die wohnen nicht bei uns, die kommen nur manchmal zu Besuch. Paula sagt, wir seien gar keine richtige Familie, denn richtige Familien hätten einen Hund. Oder eine Katze. Oder wenigstens ein Meerschweinchen. Ehrlich gesagt, drei Kinder und einen Mann finde ich völlig ausreichend für eine Familie. Und eigentlich haben wir auch ein Tier: Im Garten wohnt ein Igel, der gerne laut schnaufend über die Wiese trippelt und den Willi deshalb Füütfüüt getauft hat.

Bevor wir eine Familie gründeten, hatten wir keine Ahnung, was uns erwarten würde. Als Paula zur Welt kam, dachten wir: Das wuppen wir doch mit links. Haben wir dann auch. Als Tim kam, dachten wir: Wie toll, jetzt haben wir eines von jeder Sorte, ein Mädchen und einen Jungen. Und dann kam, schwupps, überraschend noch Willi hinterher. Und da dachten wir: Oh. Und dann: Kinder sind so süß, man kann gar nicht genug davon haben. Heute weiß ich: Doch, man kann. Auch Gummibärchen sind süß, aber irgendwann hat man sogar davon genug. Deshalb mache ich in der Stadt immer einen weiten Bogen um Tierhandlungen. Nicht, dass plötzlich, schwupps, auch noch ein Tier zur Familie gehört. Denn Tiere sind ja auch süß, jedenfalls die meisten.

Von Beruf bin ich Bildermalerin, jedenfalls nennen die Kinder es so. Ich male und zeichne und arbeite am Computer, und wenn ich Glück habe, kauft jemand mir meine Zeichnungen ab und druckt sie in einer Zeitschrift oder schmückt sein Briefpapier und seine Visitenkarten mit einem Logo, das ich mir ausgedacht habe. Das Gute ist, dass ich zu Hause arbeiten kann. Das Schlechte ist, dass ich zu Hause arbeiten muss. Weil ich dort kaum zum Arbeiten komme. Denn Paula, Tim und Willi finden Arbeit langweilig und denken sich alles Mögliche aus, um mich davon abzuhalten.

Sie zanken, brauchen Hilfe bei den Hausaufgaben, haben Hunger und wollen mit mir einen Karotten-Apfel-Orangen-Kuchen backen, brauchen einen Schiedsrichter beim Fußballspielen, brauchen Geld für ein neues Schulheft oder suchen ihren Sportbeutel, und den finde normalerweise immer nur ich.

Abends ist der Streit geschlichtet, der Kuchen gebacken, das Fußballspiel entschieden, das Schulheft gekauft und der Sportbeutel gefunden. Außerdem habe ich noch zwei Bilder gezeichnet, zwanzig E-Mails geschrieben und mindestens zweihundertmal gerufen: Ich komme gleich!

Ich habe den Inhalt von drei Waschkörben in die Maschine gesteckt und aufgehängt (dabei hat Willi mir geholfen), ich habe ein Kilo Gemüse geschält und geschnibbelt (dabei hat Tim mir geholfen), und ich habe meinen Kleiderschrank ausgemistet (dabei hat Paula mir geholfen, indem sie auf dem Bett lag und quasselte. Bei jedem zweiten Teil sagte sie: Krieg ich das? Am Ende war das meiste aus meinem Schrank in ihren Schrank gewandert, wo eigentlich schon vorher kein Platz mehr war. Paula hat versprochen, ihn nächste Woche auszumisten. Nächste Woche heißt in diesem Fall so viel wie in zehntausend Jahren.)

Die Hilfsbereitschaft meiner Kinder im Haushalt verhält sich umgekehrt proportional zu ihrem Alter. Willi, der Kleinste, will am liebsten immer helfen, kann aber vieles noch nicht so gut. Am liebsten räumt er die Spülmaschine ein, dabei bringt er mir alle möglichen Sachen, die auch gespült werden sollen: seine Bauklötze, sein Kuscheltier, den Salzstreuer, die Fernbedienung. Es ist sehr schwierig, ihm zu erklären, dass man nicht alles spülen kann, was in die Maschine passt. Manchmal bekommt er einen Wutanfall, läuft rot an, stampft mit den Füßen auf den Boden und schreit: Du bist so blöd! Weil er ein bisschen lispelt, klingt das dann wie: Du biss sso blöd!

Tim, der Mittlere, ist mittelhilfsbereit. Manchmal hilft er mir, wenn ich ihn darum bitte, manchmal nicht. Er sagt dann aber nicht: Ich habe jetzt keine Lust, dir zu helfen, sondern er sagt: gleich. Während ich darauf warte, dass es gleich wird, mache ich das, bei dem er mir helfen soll, meistens alleine.

Paula ist am größten und ihre Hilfsbereitschaft am kleinsten. Dafür macht sie aber die größte Unordnung im Haus. Wenn man ihr Zimmer betreten möchte, geht die Tür kaum auf, weil dahinter so viel Zeug liegt. Hauptsächlich Kleidungsstücke in verschieden hohen Haufen. Dazwischen Schulsachen, Schuhe, Bücher, Krimskrams. Am besten wäre, man hätte einen Minibagger, mit dem könnte man sich den Weg durch das Zimmer bahnen und einfach alle Sachen aufs Bett baggern. Wenn Paula abends schlafen gehen wollte, müsste sie die Sachen aufräumen. Aber wahrscheinlich würde sie doch nur alles wieder auf den Boden werfen.

Wenn ich Paula um etwas bitte, sagt sie nicht: gleich, sondern: Ich muss erst noch … Und dann zählt sie Sachen auf, die wichtig sind. Viel wichtiger als das, worum ich sie gebeten habe. Hausaufgaben machen, ihre Freundin Lisa anrufen, aufs Klo gehen, schnell noch was trinken. Leider sind wir uns oft nicht einig, was wichtiger ist, und dann diskutieren Paula und ich. Man könnte es auch streiten nennen. Das geht dann eine Weile hin und her, und richtig sauer werde ich, wenn Paula mich spöttisch anblickt und sagt: Chill doch mal, Mama! Das ist der sicherste Weg, mich auf die Palme zu bringen, und das weiß Paula. Deshalb sagt sie es ja. Und wenn sie es dann geschafft hat, dass ich oben auf der Palme sitze und vor Wut schäume, guckt sie noch spöttischer und sagt: Wer schreit, hat unrecht. Und damit hat sie natürlich recht.

Abends sitzen wir alle erledigt in der Küche. Dann kommt Daniel von der Arbeit, steckt den Kopf durch die Küchentür und sagt: So gut wie ihr möchte ich es auch mal haben. Bis das Abendessen fertig ist, sitzt er dann vor seinem Computer. Das sind die Momente, in denen ich über Scheidung nachdenke. Jedenfalls kurz. Eigentlich ist Daniel nämlich ein prima Typ und ein toller Vater. Wenn er Zeit dazu hat. Aber dazu später mehr.

Natürlich halten Paula, Tim und Willi mich nicht nur von der Arbeit ab oder ärgern mich. Sie malen mir Bilder, zeigen mir ihr neuestes Lieblingskatzenvideo auf Youtube, fragen mich, was eine Hypothese ist, erzählen mir lustige Geschichten aus der Schule und dem Kindergarten, pflücken Blumen für mich, verzieren den Karotten-Apfel-Orangen-Kuchen mit bunten Schokolinsen und sagen mir, wie lieb sie mich haben. Alles, damit ich mich freue. Und ich freue mich dann auch. Sehr sogar.

Ich heiße übrigens Clara.
Und ich bin hier bloß
die Mutter.

Kapitel 2

… in dem was
ganz Tolles passiert,
was am Ende vielleicht
gar nicht so toll ist, oder
vielleicht doch?

Kunst ist schön, macht aber viel Arbeit. Das hat mal ein berühmter bayerischer Komiker gesagt, und ich finde, er hat recht. Meine Zeichnungen sind wahrscheinlich nicht mal richtige Kunst, weil sie nicht im Museum an der Wand hängen, aber trotzdem machen sie viel Arbeit.

Erst mal muss ich eine Idee haben. Dann zeichne ich eine Skizze. Dann verbessere ich die Skizze so lange, bis jede Kleinigkeit stimmt. Dann setze ich die Farbe rein. Und irgendwann bin ich fertig. Meistens ist die Zeichnung dann so geworden, wie ich sie mir vorgestellt habe. Aber manchmal bin ich unzufrieden, dann werfe ich sie weg und fange von vorne an.

Wenn ich mal ein paar Stunden ununterbrochen zeichnen kann (was leider selten vorkommt), bin ich glücklich. Ich liebe meine Arbeit. Ich liebe sie fast so sehr wie meine Kinder. Aber wirklich nur fast.

Willi sagt, wenn er groß ist, will er auch Bildermaler werden. Oft sitzt er neben mir und malt, während ich arbeite. Und manchmal gefallen mir seine Bilder besser als meine eigenen. Das liegt vielleicht daran, dass Willi einfach drauflosmalt, ohne viel nachzudenken. Zu viel Nachdenken ist nämlich schlecht fürs Bildermalen.

Wenn er fertig ist, klebt Willi seine Werke mit Tesafilm an die Wand, wie richtige Kunst. Und ich freue mich schon darauf, wenn er mal mit seinen Bildern das Geld für unsere Familie verdient. Erst mal muss ich es noch verdienen, gemeinsam mit Daniel.

Gerade ist was ganz Tolles passiert: Eine Frau von einem großen Buchverlag hat mich angerufen und gefragt, ob ich Zeit und Lust hätte, alle Bilder für ein Kinderbuch zu malen, mindestens zwanzig oder fünfundzwanzig Stück! Ich war gleich ganz aufgeregt, aber ich habe es der Frau nicht gezeigt. Ich habe so getan, als müsste ich zuerst in meinem Kalender nachsehen, ob ich überhaupt Zeit habe. Dann habe ich geseufzt und gesagt, ich hätte zwar schon sehr viel Arbeit, aber irgendwie würde ich es schaffen. (Ich habe der Frau nicht verraten, dass meine Arbeit vorwiegend im Schmieren von Schulbroten, Suchen von Turnbeuteln und Schlichten von Streitereien besteht, das geht sie schließlich nichts an.)

Die Frau war dann sehr froh, und als sie aufgelegt hat, war ich auch sehr froh und habe vor Freude einen kleinen Luftsprung gemacht. Auf so eine Gelegenheit habe ich schon lange gewartet. Ich wünsche mir nämlich, dass viele Menschen meine Zeichnungen sehen können. Und wenn das Bilderbuch schön wird, dann wird es von vielen Menschen gekauft, und vielleicht werde ich sogar ein ganz kleines bisschen berühmt.

Ich habe mir vorgestellt, was wir mit dem vielen Geld machen, das ich mit diesem Auftrag verdienen werde: Tim möchte unbedingt neue Sneakers. Paula wünscht sich Schlagzeugunterricht. Willi braucht dringend ein neues Bett, weil aus dem alten schon seine Füße raushängen. Daniel hätte gern ein Mountainbike.

Und ich? Ich würde am liebsten mal für ein Wochenende in so ein schickes Wellness-Hotel. Wo man massiert und eingeölt wird, Yoga macht und meditiert und lauter gesunde Sachen mit indischen Namen zu essen kriegt. Vielleicht gibt es dort sogar einen Swimmingpool.

Na ja. Sooooo viel Geld kriege ich wohl auch wieder nicht für die Bilderbuchbilder. Wahrscheinlich reicht es nicht mal für das Mountainbike. Aber man wird ja träumen dürfen.

Beim Abendessen erzähle ich Daniel und den Kindern stolz von meinem großen Auftrag.

»Ist ja toll!«, sagt Daniel und nimmt mich in den Arm. »Schaffst du das denn zeitlich?«

»Wenn du mir hilfst.«

Mein Mann guckt überrascht. »Ich soll dir helfen? Ich kann doch gar nicht zeichnen!« Er grinst mich an, als hätte er einen guten Witz gemacht.

Ich schlage vor, dass er abends früher aus der

Firma kommen oder sich hie und da mal einen Nachmittag freinehmen könnte, um einzukaufen, zu kochen und den Kindern bei den Hausaufgaben zu helfen. Daniel wirkt wenig begeistert. Er erzählt zwar überall gern rum, dass er für die Gleichberechtigung der Frauen und für Partnerschaft in der Ehe ist, aber wenn es darum geht, selbst einen Besen oder Kochlöffel in die Hand zu nehmen, befällt ihn meist eine unerklärliche körperliche Schwäche, und er muss sich hinsetzen und die Sportschau angucken.

»Mal sehen, was sich machen lässt«, nuschelt er undeutlich. Dann fällt ihm was ein. »Die Kinder helfen dir doch sicher gern«, sagt er und guckt auffordernd zu Paula, Tim und Willi, »die sind jetzt wirklich groß genug!«

»Klar!«, sagt Willi und hebt seine kleine Patschhand, um High Five mit mir zu machen.

»Ich hab' bald mein Turnier«, sagt Tim, »ich muss echt viel trainieren.«

»Und ich …« – Paula überlegt fieberhaft, mit welcher Ausrede sie sich vor dem Helfen drücken könnte – »… ich bin in der Arbeitsgruppe für die Vorbereitung des nächsten Schulfestes!«

Ich blicke erstaunt. »Aber das ist doch erst in einem halben Jahr!«

Paula zieht die Augenbrauen hoch. »Du hast

mir doch beigebracht, dass man nicht früh genug mit der Planung von Festen anfangen kann!«

Na, super. Ist es also wieder mal mein Problem, wie ich das Zeichnen, den Haushalt und das Kinder-Kümmern unter einen Hut bringen soll.

Wie kriegen das eigentlich andere Mütter hin? Haben die eine Zauberfee zu Hause? Oder Hausgeister? Hilfsbereitere Ehemänner? Oder sperren die ihre Kinder einfach in den Keller, bis sie fertig gearbeitet haben???

Kapitel 3

… in dem nichts
so läuft, wie es laufen soll,
und Clara sich fühlt wie die
schlimmste Rabenmutter
der Welt

Willi ist drei. Genauer gesagt: Drei Jahre und vier Monate. Obwohl ihm laut Gesetz ein Kindergartenplatz zusteht, hat er keinen. Die beiden städtischen Kindergärten in unserer Nähe sind überfüllt und haben eine Warteliste, mit der man einen Elefanten umwickeln könnte.

Wir könnten einen Platz in einem weiter entfernten Kindergarten für Willi kriegen, aber dann müsste ihn einer von uns morgens mit dem Auto hinfahren und nachmittags wieder abholen, das würde zusammengenommen über zwei Stunden dauern. Jeden Tag.

Willi ist sehr froh, dass es keinen Kita-Platz für ihn gibt, er ist nämlich viel lieber zu Hause. Ich dagegen frage mich, wofür ein Gesetz gut ist, das einem etwas verspricht, was man dann doch nicht bekommt.

Aber es gibt noch mehr Kitas in unserer Gegend. Die werden von engagierten Eltern oder anderen netten Leuten organisiert, kosten ungefähr drei- bis fünfmal so viel wie ein städtischer Kita-Platz, und man muss sich bewerben und eine Art Prüfung bestehen.

Heute sind Willi und ich zu einer Kita-Prüfung eingeladen. Auf dem Weg dorthin erkläre ich ihm, wie er sich benehmen soll.

»Du musst den Leuten zeigen, dass du gern in diese Kita gehen würdest!«

»Will aber nicht.«

»Das weißt du doch gar nicht«, sage ich gespielt munter. »Diese Kita ist viel toller als die anderen! Die haben einen Garten, die Kinder sind viel netter, das Essen ist viel leckerer und …«

Mir fällt nichts mehr ein. Nachdem diese Kita monatlich ungefähr so viel kostet wie die Leasingrate für ein schickes Auto, muss sie einfach viel toller sein.

»Muss ich da Mittagsslaf machen?«

Willi hasst es, anderswo zu schlafen.

»Das fragen wir gleich. Du kannst die Leute dort alles fragen, was du wissen willst.«

Aber Willi hat eigentlich nur eine Frage: »Warum muss ich da hingehen?«

»Das hab' ich dir doch schon hundertmal erklärt«, sage ich ungeduldig.

Wir sind am Ziel. Ich ergattere einen Parkplatz, mache den Motor aus und drehe mich zu Willi um. »Du bist jetzt alt genug für die Kita, und es wird dir Spaß machen!«

»Aber ich will bei dir bleiben.« Willi zieht eine Schnute und guckt auf seine Schuhe.

»Das denkst du nur, weil du es nicht anders kennst. Aber jeden Tag sagst du mir, dass dir langweilig ist. Mir wäre auch langweilig, wenn ich immer mit meiner Mama spielen müsste.«

»Ich sspiel gern mit dir«, lispelt Willi trotzig.

Als ich seinen Gurt öffnen will, sagt er: »Ich bleib hier.«

»Nix da. Du kommst mit.« Ich zerre den widerstrebenden Willi aus seinem Sitz.

Eine Frau mit wilden roten Locken nimmt uns in Empfang. Sie sieht aus, als hätte sie alles, was sie am Körper trägt, selbst gemacht. Ihr Pulli, ihr Rock und die Strumpfhosen sind aus bunter Wolle gestrickt, ihr Haarband ist gewebt, und sogar ihre Schuhe sehen aus wie aus Lederflicken gebastelt.

Sie heißt Sabina und führt uns durch die Kita. Der Flur sieht aus wie in allen Kitas, Kleiderhaken mit Namensschildchen und Bänke zum An- und Ausziehen der Schuhe. Es gibt Waschräume, einen Ruheraum (bei dessen Anblick Willi das Gesicht verzieht) und eine Küche, in der ein Mann und eine Frau dabei sind, Berge von Gemüse zu schneiden. Sie sehen nicht aus wie Köche. Eher wie … Eltern.

»Wer ist denn bei euch zuständig fürs Essen?«, frage ich vorsichtig.

»Wir kochen reihum«, erklärt Sabina. »Wer nicht kochen möchte, zahlt dafür ein bisschen mehr. Das Essen ist übrigens vegetarisch, bio, regional und saisonal.«

Endlich kommen wir ins Spielzimmer. Die Kinder, die alle sehr beschäftigt wirken und erstaunlich leise sind, sehen auch irgendwie selbst gestrickt aus. Ich versuche, mich zu erinnern, wie das mit dem Stricken ging. Wahrscheinlich

muss ich Willi ja auch von oben bis unten ein-
stricken, wenn er hierhergehen soll.

Er setzt sich schüchtern auf einen kleinen
Stuhl und guckt mit großen Augen zu, wie drei
kleine Mädchen mit Fingerfarben auf einem
Bogen Papier herummalen und sich gegenseitig
Farbtupfer ins Gesicht und auf die Pullover
schmieren.

Sabina muss meinen Blick gesehen haben.
»Wir finden, dass die Kinder ihre natürliche Kreativität ausleben sollen.«

Mich interessiert eigentlich mehr, wie ich
meine eigene natürliche Kreativität ausleben
soll. Vor allem wenn ich nicht bald einen Kita-
Platz für Willi kriege.

Sabina spricht über das pädagogische Kon-
zept der Kita, das von der Idee ausgeht, dass Kinder sich ihr Spielzeug selbst schaffen, wenn man
ihnen keines vorsetzt. »Es gibt nichts, was ein
Kind nicht aus Steinen, Blättern, Sand und Erde
erschaffen könnte, wenn es Fantasie hat.«

Willi dreht sich zu mir um und sagt: »Gibss
hier keine Autos?« Wie die meisten Dreijähri-
gen liegt Willi am liebsten stundenlang auf dem
Boden und lässt Spielzeugautos hin und her
fahren, während er »brrrrm, brrrrm« dazu
macht.

Sabina fragt mich aus, über welche Spielsachen Willi zu Hause verfügt, ob er fernsehen darf, ob er Zugang zu einem Tablet oder Computer hat. Ich behaupte, dass Willi nur Holzspielzeug besitzt, unsere Kinder nicht fernsehen dürften und im ganzen Haus nur ein Computer existiere, den ich aus beruflichen Gründe benötige und den die Kinder selbstverständlich nicht benutzen dürften.

»Du bist Illustratorin?«, fragt Sabina und ich nicke heftig. Mit meinem kreativen Beruf kann ich doch sicher Punkte machen.

»Und dein Mann?«

Fast hätte ich »IT-Experte« gesagt, aber im letzten Moment sage ich: »Ganz … äh, ganzheitlicher Unternehmensberater.« Ich habe keine Ahnung, was das sein soll, und Sabina offenbar auch nicht. Aber »ganzheitlich« kommt in selbst gestrickten Kreisen immer gut an, habe ich herausgefunden.

»Wir kochen übrigens zu Hause auch vegetarisch, bio, regional und saisonal«, schleime ich mich ein, »und wir gehen immer auf Demos für den Umweltschutz.«

Sabina nickt beifällig.

»Abends singe ich für die Kinder«, fahre ich schnell fort, »und im Urlaub gehen wir wandern. Wir verzichten übrigens auch auf Plastik, soweit es geht.«

Mir ist jetzt alles egal, ich will nur, dass Willi den verdammten Kita-Platz bekommt. Der hat es inzwischen aufgegeben, in Kontakt mit den Kindern zu kommen. Die Mädchen ignorieren ihn, und die Jungen sind damit beschäftigt, mit selbst gestrickten Wollschafen aufeinander einzuprügeln.

»Will nach Hause gehen«, verkündet Willi und zerrt an meiner Hand.

Sabina wendet sich ihm zu und sagt mit zuckersüßer Stimme: »Es dauert noch ein bisschen. Möchtest du was aus Ton kneten?«

Willi blickt sie an, als hätte sie ihm vorgeschlagen, aus dem Fenster zu pinkeln.

»Hab Hunger«, sagt Willi und zerrt wieder an meiner Hand.

»Gleich, Willi«, sage ich und versuche so sanft zu lächeln wie ein Wollschaf.

»Krieg ich nachher Döner?«

»Wir essen keinen Döner!«, sage ich scharf.

»Stimmt doch gar nicht«, sagt Willi.

Sabinas Gesicht nimmt einen kühlen Ausdruck an. Sie steht auf und reicht mir die Hand.

»Vielen Dank für den Besuch, Clara. Wir melden uns dann bei dir.«

Sie wirft Willi einen mitleidigen Blick zu. »Mach's gut, Willi.«

Er gibt keine Antwort. Ich packe ihn an der Hand und ziehe ihn zum Auto.

»Was fällt dir ein, zu sagen, dass ich lüge?«

Willis Kinn beginnt zu zittern. »Aber … du hass gelogen!«

Er hat recht. Neulich in der Stadt überkam mich eine nie da gewesene, unwiderstehliche Lust auf Döner. Ich hatte zwar ein schlechtes Gewissen, aber es muss ja auch mal Ausnahmen geben. Die Kinder waren natürlich begeistert. Dass Willi das ausgerechnet vor der selbst gestrickten Kita-Frau erzählen würde, konnte ich ja wirklich nicht ahnen.

Plötzlich fühle ich mich furchtbar. Als hätte ich versucht, mein Kind zu verkaufen. Es irgendwie loszuwerden, sogar um den Preis von Lügen. Und das alles für ein paar Stunden zusätzlicher Arbeitszeit.

»Die iss nicht toll, die Kita«, sagt Willi finster.

Und obwohl ich echt frustriert bin, kann ich ihm nicht widersprechen.

Kapitel 4

… in dem Willi eines von vielen Abenteuern erlebt und ein Tier vorkommt

Im Alter von fünf Jahren seufzte Paula zum ersten Mal: Ich will einen Hund!

Daniel erklärte ihr damals, dass wir Eltern aber keinen Hund wollen und sie doch gerade ein kleines Brüderchen bekommen habe. Das kleine Brüderchen sei langweilig, wandte Paula ein, und wir erklärten ihr, dass Tim bald groß genug sein würde, um mit ihr zu spielen. Paula wollte trotzdem lieber einen Hund.

Als klar war, dass es keinen Hund geben würde, verlegte sie ihre Energie darauf, uns von einer Katze zu überzeugen. Inzwischen war Tim alt genug, um die Forderung seiner Schwester zu unterstützen. Seiner Meinung nach sollte es sogar eine Wildkatze sein, nachdem er einen Film über Wildkatzen im Fernsehen gesehen hatte. Wir erklärten ihm, dass Wildkatzen nicht bei Menschen im Haus leben, sonst wären es keine Wild-, sondern Hauskatzen.

Als die Katzendiskussion beendet war, kam der Wunsch nach einem Zwergkaninchen auf, danach sollte es ein Meerschweinchen sein, später ein Goldhamster, ein Wellensittich, zum Schluss wenigstens noch Goldfische. Wir sagten standhaft Nein. Und fühlten uns sehr schlecht dabei. Eltern sollen die Bedürfnisse ihrer Kinder ernst nehmen, das kann man in jedem Erziehungsratgeber nachlesen. Aber man soll auch die eigenen Bedürfnisse ernst nehmen, das kann man in jedem anderen Ratgeber nachlesen. Blöd, wenn die Bedürfnisse der Kinder nicht mit denen der Eltern übereinstimmen. Aber am Ende sind eben die Eltern die Bestimmer.

»Ihr seid so gemein!«, sagen die Kinder.

Ich gebe zu, der Haupt-Nein-Sager beim Thema Haustier bin ich. Daniel hätte längst nachgegeben, nur um seine Ruhe zu haben. Eigentlich mag ich Tiere. Aber ich weiß ganz genau, dass die Begeisterung für ein Tier bei Paula, Tim und Willi zwischen einer und drei Wochen anhalten und dann sehr schnell verpuffen würde. Alle Versprechungen, sich um das Tier zu kümmern, es zu füttern, seinen Stall auszumisten, es spazieren zu führen, zu kämmen, zu waschen oder was sonst an Pflege nötig sein würde, wären bald vergessen. Die Arbeit würde an mir hängen bleiben. Und ich habe wahrhaftig schon genug zu tun. Mehr als genug. Vor allem jetzt, mit dem großen Auftrag.

»Aber wir wollen ein Tier!«, jammern Paula und Tim weiter. »Wenigstens ein kleines!«

»Auch kleines Tier!«, ergänzt Willi, der eine Art Echo seiner älteren Geschwister ist.

Als der Igel das erste Mal auftauchte, schrie Willi vor Begeisterung. Er rannte auf seinen kurzen Beinchen los und schrie »Aam! Aam!« Das hieß, dass er den Igel auf den Arm nehmen wollte. Im letzten Moment konnte Daniel ihn einfangen und davor bewahren, sich die Hände an den Stacheln zu verletzen.

»Füütfüüt!«, schrie Willi, und tatsächlich klingt es genau so, wenn der Igel schnauft.

Inzwischen ist Willi größer und hat verstanden, dass die Stacheln des Igels gefährlich sind. Aber seine Sehnsucht, ihn mal aus der Nähe zu sehen, ist geblieben.

So bin ich nicht überrascht, als er eines Tages angerannt kommt und ruft: »Hab' Füütfüüt gefangen!« Er nimmt mich bei der Hand und zieht mich in den Garten hinaus, wo einer meiner Wäschekörbe umgedreht auf dem Rasen liegt. Darunter hockt der Igel und zieht ängstlich den Kopf ein.

»Wie hast du das denn gemacht?«, frage ich überrascht. »Füütfüüt ist doch unheimlich schnell!«

Er guckt stolz. »Willi is ssneller!«

Ich muss lachen. Dann frage ich ihn, was er mit dem Igel vorhat.

»Kommt mit in mein Zimmer«, erklärt er.

»Kommt nicht infrage«, stelle ich richtig.

Willi wirft sich auf den Boden und fängt an zu schreien. Ich lasse ihn toben und gehe zurück ins Haus. Aus Erfahrung weiß ich, dass er sich beruhigt, sobald ich außer Sichtweite bin.

Zwei Telefonate und eine Zeichnung später

fällt mir auf, wie ruhig es im Haus ist. Ruhe ist immer verdächtig. Wenn Kinder ruhig sind, gibt es nur zwei Erklärungen: Entweder sie schlafen, oder sie stellen was an.

Ich mache mich auf die Suche nach Willi. In seinem Zimmer ist er nicht. Auch nicht in der Küche, im Wohnzimmer, im Keller. Ich durchstreife den Garten, rufe nach ihm. Keine Antwort. Der Wäschekorb steht wieder richtig herum auf dem Rasen, keine Spur vom Igel und von Willi.

Ich fange an, mir Sorgen zu machen. Willi weiß, dass er nicht alleine auf die Straße darf und dass ihm das größte Donnerwetter aller Zeiten droht, wenn er sich daran nicht hält. Aber woher weiß ich, ob er nicht gerade jetzt beschlossen hat, dass ihm Donnerwetter egal sind?

»Willi!«, schreie ich entnervt, und endlich höre ich ein dumpfes »Bin hier«.

Seine Stimme kommt aus dem Schuppen, wo wir neben den Gartengeräten das Bocciaspiel, Bälle und Tischtennisschläger aufbewahren. Es ist so voll darin, dass ich nicht mal auf die Idee gekommen wäre, dort nachzusehen.

Ich öffne die Tür, und da hockt Willi, im Schoß einen Eimer, im Eimer den Igel. Keine Ahnung, wie er ihn da reingekriegt hat.

»Ich wohn' jetzt hier«, erklärt er mit finsterer Miene. »Mit Füütfüt.«

»Okay«, sage ich und atme insgeheim auf. »Braucht ihr irgendwas?«

Er zuckt nur die Schultern.

Ich gehe in die Küche, fülle einen Korb mit Keksen, Äpfeln und was zu trinken und bringe ihn zu Willi in den Schuppen.

»Igel essen gerne Obst«, sage ich, weil ich nicht sicher bin, ob Füütfüüt Kekse verträgt. Aber die Gefahr, dass Willi die Äpfel isst und dafür Kekse verschenkt, ist sowieso nicht groß. Willi achtet sorgsam darauf, bei seiner Ernährung jede Aufnahme von Vitaminen strikt zu vermeiden.

Ich gehe zurück an meine Arbeit, weil ich nun sicher bin, dass Willi nicht weglaufen, sondern seine Beute bewachen wird. Ich überlege mir, wie ich ihn davon überzeugen kann, das Tier nicht mit ins Haus zu nehmen, ohne einen weiteren Wutausbruch zu provozieren. Igel können Flöhe haben. Ich will keine Flöhe im Haus.

Paula und Tim kommen nach Hause. Ich bitte sie, den Tisch fürs Abendessen zu decken.

»Gleich«, sagte Tim und verschwindet in seinem Zimmer.

»Ich muss erst noch duschen«, sagt Paula und verschwindet im Bad.

Ich seufze resigniert und gehe durch den Garten zum Schuppen. Die Tür ist angelehnt. Drinnen sitzt Willi und weint. Der Eimer vor ihm ist leer.

Ich setze mich zu ihm und nehme ihn in den Arm. »Was ist denn los, Willi?«

»Füütfüüt is weg«, schluchzt Willi.

»Wie ist denn das passiert?«

»Hab ihn freigelassen«, schnieft er. »Igel wollen niss im Eimer wohnen. Igel wollen frei sein.«

Ich drücke ihn an mich. »Das hast du gut gemacht, Willi. Und Füütfüüt bleibt ja bei uns. Er ist eben nicht unser Haustier, sondern unser Gartentier.«

Willi wirkt halbwegs getröstet. Er steht auf, und wir gehen zurück ins Haus.

»Hilfst du mir beim Tischdecken?«, frage ich, und da strahlt er wieder.

Kapitel 5

… in dem Clara fest-
stellt, dass sie als Mutter
einfach nicht perfekt ist
und deshalb leider zu einer
Notlüge greifen muss

Mal wieder ist ein Tag zu Ende, und ich habe
keine Ahnung, wie er so schnell vorübergehen
konnte. Ich lese Willi eine Geschichte vor und
singe für ihn, bis er einschläft. Ich sage Paula
gute Nacht, die gerade mit jemandem chattet
und nur einen genervten Blick für mich hat, als

ich frage, mit wem. Dann setze ich mich aufs Bett von Tim und streiche ihm das verstrubbelte Haar aus dem Gesicht.

»Na, Kumpel, alles okay bei dir?«

Er nickt. »Alles okay, Mama. Hast du den Kuchen schon gebacken?«

»Welchen Kuchen?«

Tim setzt sich ruckartig auf. »Mama! Morgen ist Tag der offenen Tür in der Schule. Du hast versprochen, einen Marmorkuchen zu backen!«

Ver...dammt. Er hat recht. Ich hab's versprochen. Und vergessen.

»Den backe ich morgen früh«, sage ich leichthin, »dann ist er ganz frisch!«

»Sicher, Mama?« Tims Blick ist besorgt.

»Ganz sicher.«

Ich küsse ihn auf die Stirn. »Schlaf gut!«

Ich gehe in mein Arbeitszimmer. Der Tag der offenen Tür steht fett in meinem Terminkalender. Terminkalender sind sehr nützliche Gegenstände. Man muss nur hin und wieder reinsehen.

Ich arbeite noch ein bisschen, dann mache ich mich bettfertig. Den Wecker stelle ich auf sieben.

»So früh?«, protestiert Daniel. »Morgen ist Samstag!«

»Möchtest du den Marmorkuchen für Tim backen?«, frage ich spitz.

Er murmelt etwas Unverständliches und dreht sich zur Wand.

Am nächsten Morgen schieße ich aus dem Bett wie eine Rakete. Der Kuchen! Ich dusche, ziehe mich an und durchsuche den Vorratsschrank. Kein Mehl, kein Backpulver, nur noch ein kleiner Rest Zucker. Eier sind auch keine da. Ich hasse backen. Deshalb kaufe ich auch nie die Zutaten ein, die man dafür braucht.

Ich halte mich an meiner Kaffeetasse fest und denke nach. Mir fallen die tollen Mütter ein, die zu jedem Anlass selbst gebackenen Kuchen mitbringen, mit wissendem Lächeln über die neuesten Theorien zur Bindungsforschung dozieren und dabei aussehen, als seien sie einem Modeblog entstiegen. Diese verdammten perfekten Mütter, die mir Schuldgefühle machen, seit meine Kinder auf der Welt sind, weil ich nichts von dem schaffe, was sie schaffen. Babyschwimmen und PEKiP-Kurse, gemeinsames Kneten und Basteln, frühkindliche Musikschulkurse, Ausflüge zur Kletterwand. Diese Frauen scheinen für die Mutterschaft geboren zu sein, sie wissen immer, wie man alles richtig macht, und sie wirken dabei nie gestresst. Und ich schaffe es nicht mal, einmal im Jahr einen Kuchen zu backen. Ich setze mich an den Küchentisch und vergrabe das Gesicht in den Händen. Was bin ich bloß für eine Loser-Mutter.

Dann habe ich eine Idee. Ich nehme den Autoschlüssel und will gerade das Haus verlassen, da kommt Daniel die Treppe runter. »Wo willst du denn so früh hin?«

»Ich … ich geh' Brötchen holen.«

Es soll Ehemänner geben, die in einem solchen Fall sagen: »Aber, Schatz, lass mich das doch machen! Du arbeitest dich die ganze Woche halb tot, da will ich dich wenigstens am Wochenende unterstützen.«

Daniel sagt: »Super! Bring mir bitte ein Laugendreieck mit.« Dann nimmt er sich Kaffee und greift nach der Zeitung, die ich bereits aus dem Briefkasten geholt und auf den Küchentisch gelegt habe.

Ich bleibe einen Moment stehen. Irgendwas in meinem Leben läuft schief. Aber ich habe jetzt keine Zeit, darüber nachzudenken.

Ich fahre so lange, bis ich aus unserem Viertel raus bin. Bei dem, was ich vorhabe, soll mich niemand sehen, der mich kennt.

Endlich entdecke ich eine Bäckerei, in der ich

noch nie war. Ich lasse das Auto stehen und gehe hinein. Während ich bei der Verkäuferin Brötchen bestelle, lasse ich meinen Blick über das Kuchensortiment schweifen. Nur vorgeschnittener Blechkuchen, Hefeteilchen und komplizierte Obst- und Sahnegebilde.

»Haben Sie keinen Marmorkuchen?«

Die Verkäuferin verneint. »Der wird nicht nachgefragt.«

»Irgendeinen anderen Napfkuchen? Vielleicht einen Gugelhupf?«

Sie blickt mich tadelnd an. »Den backen die meisten Kunden selbst.«

Ich klappere zwei weitere Bäckereien ab und finde endlich einen Nusskuchen mit Schokoguss. Er sieht so makellos aus, dass niemand glauben wird, ich hätte ihn selbst gebacken. Aber das kriege ich hin.

Zu Hause angekommen schmuggle ich den Kuchen unbemerkt in die Küche und stelle ihn bei kleiner Temperatur in den Ofen.

Inzwischen sind die Kinder wach und toben durchs Haus. Tim stürmt in die Küche. »Hast du den Kuchen schon?«

»Ist gleich so weit«, verkünde ich und fühle mich so zufrieden, als wäre ich eine der perfekten Mütter. Na ja, fast.

Als ich wieder alleine in der Küche bin, nehme ich den Kuchen aus dem Ofen und schmiere mit einem Messer in der weich gewordenen Schokoglasur herum, bis er nicht mehr perfekt aussieht. Auf der Unterseite schneide ich vorsichtig eine dünne Scheibe ab, sodass er danach ein bisschen schief auf dem Teller sitzt. Ich klebe Smarties und Gummibärchen drauf, damit er noch selbstgemachter aussieht, dann rufe ich Tim. »Schau mal, Kuchen ist fertig!«

Er wirft einen kritischen Blick auf mein Werk. »Der hat ja eine ganz andere Form als sonst!«

Das stimmt, der Marmorkuchen, den ich sonst backe (weil ich keinen anderen kann), ist ringförmig, dieser ist ein Napfkuchen.

»Es ist ein Nusskuchen«, sage ich, als würde das die andere Form erklären.

»Ist okay«, sagt Tim und fragt zu meiner Erleichterung nicht, ob er – wie sonst – die Teigschüssel auslecken darf. Er scheint einfach nur froh zu sein, dass seine chaotische Mutter im letzten Moment noch einen Kuchen herbeigezaubert hat – egal wie.

Als wir in der Schule ankommen, stehen bereits zwanzig Kuchen auf dem Buffet. Kein Schwein würde merken, wenn ich keinen mitgebracht hätte. Grollend betrachte ich die Werke der

Konkurrenz. Wolken von Sahne, Baiser und kunstvolle, gespritzte Muster zeugen von der Backkunst anderer Mütter. Dagegen fällt mein stinknormaler Nusskuchen mit Schokoglasur total ab.

Was ist denn das? Mein Blick fällt auf kleine Schildchen, die vor einigen der Kuchen lehnen. »Glutenfrei« steht auf einem. »Lactosefrei« auf einem anderen. »Mit wenig Zucker« auf einem dritten.

Ich denke kurz nach, dann nehme ich eine meiner Visitenkarten aus der Handtasche, schreibe auf die Rückseite »vegan« und male ein paar Smilies und Blümchen dazu. Triumphierend lehne ich die Karte gegen meinen Kuchen. Soll mir mal einer vorwerfen, ich würde für mein Kind nicht die allergrößten Mühen auf mich nehmen!

Kapitel 6

**… in dem Daniel
einen Auftritt als
Hausmann und Super-Papi
hat und wieder ein
Tier vorkommt**

Die Zeit vergeht furchtbar schnell, und ich habe
bisher erst fünf von den zwanzig oder fünfundzwanzig Zeichnungen fertig, die für das Kinderbuch gebraucht werden. Deshalb hilft mir heute
Daniel. Fast erwarte ich, dass eine Fanfare ertönt,
als er mittags nach Hause kommt, oder gleich

eine ganze Big Band. Er hat einen Stapel Pizza-kartons im Arm (»Mittagessen ist fertig!«), und die Kinder jubeln.

Ich gebe mir immer solche Mühe mit dem Kochen, aber da jubelt keiner.

Daniel lässt sich für die Pizza feiern, als hätte er den Teig in mühsamer Arbeit persönlich aus-gewalzt, belegt und gebacken. Und vorher die Tomaten selbst gepflückt. Ich verkneife mir ei-nen Kommentar und ziehe mich in mein Ar-beitszimmer zurück. Dort spitze ich meine Stifte und lege Pinsel und Farben bereit.

Endlich Ruhe! Einen ganzen Nachmittag lang! Ich kann mein Glück kaum fassen.

Es dauert genau eine halbe Stunde, bis ein markerschütternder Schrei durchs Haus gellt. Meine Hand mit dem Pinsel rutscht vor Schreck aus, ein dicker grüner Strich zieht sich quer übers Papier, die Zeichnung ist hin. Wütend knülle ich sie zusammen, feuere sie in den Pa-pierkorb und stampfe aus meinem Arbeitszim-mer.

»Was ist hier los?«, schreie ich.

»Maaa…aaa…ma!«, erklingt Paulas erstickte Stimme, und gleich darauf fällt sie mir heulend in die Arme. »Der … Willi … hat … mein Lieb-lings-T-Shirt … kaputt … gemacht!«

Anklagend schwenkt sie ein zerrissenes Stück Stoff in der Luft, in dem ich ihr selbst gebatiktes und mit Glitzersteinen besetztes T-Shirt erkenne.

»Willi!«, rufe ich. »Was soll das?«

Von Willi keine Spur. Der kleine Verbrecher hat eine erstaunliche Fähigkeit, sich unsichtbar zu machen, sobald es ungemütlich wird. Paula macht sich fluchend und schimpfend auf die Suche, während Tim mit der Handfläche vor seinem Gesicht hin- und herwedelt, um anzudeuten, wie bescheuert er seine Schwester findet.

»Hör auf damit«, fahre ich ihn an.

Dann fällt mir ein, dass ja eigentlich Daniel für die Kinder zuständig ist. Ich rufe nach ihm. Keine Antwort. Schließlich entdecke ich ihn im Wohnzimmer, wo er seinen Laptop aufgestellt hat und fasziniert auf den Bildschirm starrt. Ich baue mich vor ihm auf und stemme herausfordernd die Hände in die Hüften.

»So sieht es also aus, wenn du mich bei der Arbeit unterstützt?«

Er blickt hoch und wirkt so abwesend, als sei er gerade aus einer anderen Galaxie zurückgekehrt. Schließlich bequemt er sich, wenigstens die Kopfhörer abzunehmen. »Was?«

»Die Kinder schlagen sich die Köpfe ein, und du hockst seelenruhig vor der Kiste!«, sage ich vorwurfsvoll.

»Die kriegen sich schon wieder ein. Bei Geschwisterstreit soll man sich nicht einmischen.«

Mit dieser bequemen Devise ist mein Mann bisher gut gefahren, deshalb sieht er offenbar auch jetzt keine Veranlassung, sich zu erheben. Ich werde wütend und überlege, ob ich einen Elternstreit anfangen soll, dann beschließe ich, dass ich dafür keine Zeit habe. Ich kehre an den Zeichentisch zurück und versuche, mich zu konzentrieren. Vielleicht hat Daniel ja recht. Vielleicht ist es ein Fehler von mir, mich immer einzumischen. Vielleicht sollte ich einfach mal abwarten, was passiert. Falls ich das hinkriege.

Die nächsten Stunden bleibt es wie durch ein Wunder ruhig. Ich zeichne und skizziere, tusche und wische, spüle Pinsel aus, sprühe Fixierspray auf. Zwischendurch frage ich mich besorgt, ob Paula Willi erwischt hat. Und wenn ja, was sie mit ihm angestellt hat.

Als die Ruhe gar nicht mehr aufhören will, werde ich nervös. Schließlich halte ich es nicht mehr aus und gehe suchend durchs Haus. Keiner da. Keine Paula, kein Tim, kein Willi. Und, was noch besorgniserregender ist: kein Daniel.

Ich tippe eine Nachricht in den Familienchat: Wo seid ihr? Keine Antwort.

Ich gehe zurück an die Arbeit, aber ich kann mich nicht mehr konzentrieren.

Entspann dich, sage ich zu mir selbst. Vielleicht sind sie ja bloß ein Eis essen gegangen. Oder in den Park. Oder ins Kino. Oder Paula hat Willi so gehauen, dass sie zum Arzt gefahren sind. Ein Entführer hat Willi mitgenommen, und die anderen sind hinterher, um ihn zu retten. Daniel hat mich verlassen, und die Kinder gehen mit ihm, weil sie dann öfter Pizza kriegen. Außerirdische sind im Garten gelandet, haben ein riesiges Rohr ausgefahren und meine Familie in ihr Raumschiff eingesaugt.

Clara, du spinnst, sagt eine Stimme in meinem Inneren. Der Garten ist gar nicht groß genug für ein Raumschiff. Und mal ernsthaft: Wer würde sich freiwillig drei Kinder an Bord holen, die ständig streiten?

Ich lege mich aufs Sofa, schließe die Augen und versuche, mich zu beruhigen. Das klappt so gut, dass ich einnicke. Jedenfalls bemerke ich nicht, wie die Wohnzimmertür sich öffnet.

»Mama?«

Ich fahre hoch. Vor mir steht Willi, ein Kästchen in der Hand.

»Willi!«, rufe ich erleichtert aus. »Hat der Entführer dich freigelassen?«

»Welsser Entführer?« Willi guckt erstaunt.

»Mama hat schlecht geträumt bei der Arbeit«, sagt Daniel mit vielsagendem Grinsen.

»Ich habe mich nur kurz ausgeruht, das wird ja wohl erlaubt sein.« Ich setze mich auf. »Was ist denn da drin?«

Willi hebt das Kästchen hoch, damit ich hineinsehen kann. Der vordere Teil besteht aus Drahtgeflecht.

»Ihhhh!«, schreie ich und falle vor Schreck fast vom Sofa. »Eine Ratte!«

Paula blickt mich strafend an. »Mama! Sei nicht so hysterisch!«

Das sage ich immer zu ihr, wenn sie herumschreit, weil irgendwas nicht nach ihrem Kopf geht. Aber das hier ist was völlig anderes. Eine Ratte ist eine Ratte. Und Ratten sind nun wirklich das Ekelhafteste, was es auf der Welt gibt.

»Das is Pippo«, sagt Willi und schaut die Ratte verliebt an.

»Was soll das?«, frage ich und schaue meinen Mann alles andere als verliebt an.

Der zuckt verlegen mit den Schultern. »Ich kann nichts dafür, Clara. Tim und Willi haben die Falle aufgestellt.«

»Er iss verletzt«, sagt Willi und hebt das Kästchen noch mal hoch. Widerwillig blicke ich hinein und sehe, dass das rechte Bein der Ratte in einer winzigen Schiene steckt.

»Habt ihr die gemacht?«, frage ich ungläubig.

»Wir waren beim Tierarzt«, sagt Daniel. »Erst haben wir ewig gewartet, und dann wollte er das Vieh nicht behandeln.«

»Versteh' ich«, sage ich.

Ich frage, warum der Arzt seine Meinung geändert und das Rattenbein doch noch geschient hat. Und muss zugeben, dass die kleine Schiene, die kunstvoll aus einem Streichholz und Klebeband gefertigt ist, eine ziemliche Meisterleistung darstellt.

»Pippo ist zahm«, erklärt Daniel.

»Eine zahme Ratte?«, wundere ich mich. »Wo gibt's denn so was?«

Dann erinnere ich mich plötzlich, dass es in meiner Jugend Punks gegeben hat, die mit gezähmten Ratten Leute erschreckt haben. Punks waren Typen mit stacheligen, bunten Haaren, zerrissenen Klamotten und Schmuck aus Metall, die ziemlich grässliche Musik gemacht haben.

»Das Tier gehört bestimmt jemandem aus der Nachbarschaft«, vermutet Daniel, und ich überlege, ob ich einen alt gewordenen Punk in der Umgebung kenne.

»Gut«, sage ich. »Und genau diesem Jemand geben wir Pippo zurück. Und damit ist das Thema Haustiere ein für alle Mal beendet.«

Die Kinder schweigen vielsagend und mir schwant, dass das Thema noch lange nicht beendet ist.

Dann fällt mir plötzlich das Drama um Paulas Lieblings-T-Shirt ein, und ich wundere mich, dass Paula den kleinen Willi nicht zu Hackfleischbällchen verarbeitet hat. Fast hätte ich danach gefragt, wie sie es geschafft haben, sich wieder zu vertragen. Aber dann beschließe ich, schön meinen Mund zu halten.

Kapitel 7

… in dem Pippo immer noch da ist und eine gewisse Strichliste noch länger wird

Es ist schwieriger, eine zahme Ratte an ihren rechtmäßigen Besitzer zurückzugeben, als man denkt. Es fängt damit an, dass man erst mal rauskriegen muss, wer dieser Besitzer überhaupt ist.

Ich beauftrage die Kinder, Plakate zu malen und Handzettel zu schreiben. Mit Feuereifer macht Willi sich an die Arbeit und malt Bilder von Pippo. Tim schreibt mit seiner Krakelschrift darunter: Zahme Ratte gefunden. Bitte melden! Und dazu unsere Telefonnummer.

»Und … wenn einer anruft?«, fragt Willi, plötzlich verunsichert.

»Dann fragen wir, ob ihm Pippo gehört. Und wenn er Ja sagt, wann er ihn abholen kann.«

»Vielleisst ruft ja keiner an«, sagt Willi hoffnungsvoll.

Paula tippt Handzettel und druckt sie aus. Dann ziehen sie zu dritt los, hängen die Plakate an Laternenmasten und Bauzäune und werfen die Zettel in die Briefkästen unserer Nachbarn.

Ich bin bei Zeichnung Nummer acht angekommen und hoffe, dass die Suchaktion eine Weile dauern wird. Aber nach einer dreiviertel Stunde sind die Kinder wieder zurück. Tim hat sich plötzlich daran erinnert, dass er heute bei seinem Freund Ole zum Geburtstag eingeladen ist.

»Und wo soll ich auf die Schnelle ein Geschenk herkriegen?«, frage ich ärgerlich. »Das hättest du mir ja wirklich früher sagen können.«

»Hätte ich nicht«, sagt Tim, »weil ich's doch vergessen habe.« Sein Sinn für Logik ist bestechend.

Ich wühle im hinteren Teil meines Kleiderschrankes, wo ich ein paar Geschenke auf Vorrat gebunkert habe. Für das Puzzle aus Klötzchen ist Ole zu alt, für Harry Potter zu jung. Parfüm wünscht er sich wahrscheinlich auch nicht, und eine CD mit Schlagermelodien würde wohl eher seinem Großvater gefallen.

»Ich könnte ihm Pippo schenken!«, schlägt Tim vor.

»Neiiiin!«, schreit Willi, der immer noch hofft, dass Pippo ein Waisenkind ist und keinen Besitzer hat, der bei uns anrufen wird.

»Dann bleibt nur ein Gutschein«, schlage ich vor. »Was macht Ole denn gern?«

»Fußballspielen«, sagt Tim.

»Was noch?«

»Fußballgucken.«

»Und was noch?«

»Computerspiele mit Fußball.«

Ich schüttle seufzend den Kopf. Ich kann Ole keinen Gutschein für ein Computerspiel schenken, das verstößt gegen meine Prinzipien. Daniel und ich sind bestimmt keine perfekten Eltern, aber ein paar Regeln gelten in unserem Haus: keine Computerspiele, keine Waffen, kein Junkfood (außer manchmal Pizza), möglichst wenig Süßigkeiten.

»Ich schenke ihm meinen Bayern-Schal«, beschließt Tim großmütig.

Erleichtert darüber, das Problem loszuhaben, helfe ich ihm beim Einpacken. Tim zieht fröhlich ab. Willi ist draußen im Garten, Paula macht Hausaufgaben (oder tut jedenfalls so). Ich schleiche zurück in mein Arbeitszimmer, lasse aber vorsichtshalber die Tür angelehnt.

Zeichnung Nummer acht nimmt Gestalt an. Eigentlich soll darauf ein Mädchen mit einem Hund zu sehen sein, aber plötzlich stelle ich fest, dass der Hund aussieht wie Pippo. Ich zeichne seine Pfoten dicker und mache seine Ohren wuscheliger, aber nun sieht er aus wie ein Waschbär mit Handschuhen. Je mehr ich versuche, die Zeichnung zu verbessern, desto schlimmer wird sie. Irgendwann gebe ich auf. Das Blatt landet zerknüllt im Papierkorb.

Einen Moment habe ich das Gefühl, ich müsste gleich anfangen zu weinen. Wie soll ich das alles nur schaffen? Aber dann reiße ich mich zusammen.

Das Telefon klingelt. Bevor ich aufstehen kann, höre ich trippelnde Schritte und die Stimme von Willi.

»Hallo, wer iss dran?« Und nach einer Pause: »Falss verbunden.«

Die Schritte entfernen sich wieder.

Gut gemacht! Ich bin stolz auf Willi. Dann beschleicht mich ein Verdacht. Ich gehe in den Garten, wo Willi bäuchlings vor dem Käfig liegt und Pippo aus einem seiner Bilderbücher vorliest. Natürlich liest er nicht richtig, er kann die Geschichte auswendig. Aber er blättert an den richtigen Stellen um, und so sieht es täuschend echt aus.

»Sag mal, Willi, wer war denn gerade am Telefon?«

»Falss verbunden«, sagt er und schaut mich dabei nicht an.

»Willi!«, sage ich mit warnendem Unterton.

Willis Unterlippe zittert. Schützend legt er die Arme über den Käfig. »Pippo soll dableiben!«

Ich hocke mich zu ihm. »Das geht nicht, Willi. Stell dir vor, wie traurig du wärst, wenn dir jemand dein Tier nicht zurückgeben würde.«

Ich hole das Telefon und suche nach der Nummer des letzten Anrufers. Eine Männerstimme meldet sich.

»Ja, bitte?«

Ich erkläre dem Mann, wer ich bin und dass er gerade mit Willi gesprochen hat.

Pippos Besitzer ist gefunden. Er bedankt sich für den Handzettel und kündigt an, später zu kommen und Pippo abzuholen. Der allerdings gar nicht Pippo heißt, sondern Atze. Ob das den Abschied für Willi leichter macht?

Mit schrecklich schlechtem Gewissen gehe ich zurück an die Arbeit. Willi wünscht sich so sehr ein Tier, dass er sein Herz sogar an eine Ratte hängt. Und auch Paula und Tim träumen von einem Haustier. Ich beschließe, noch mal mit Daniel darüber zu sprechen. Aber jetzt muss ich erst mal einen Hund malen, der nicht wie eine Ratte oder ein Waschbär aussieht.

Es klingelt. Ich schaue auf die Uhr und stelle erstaunt fest, dass es schon fast Abend ist. Ich werfe einen letzten Blick auf den Hund und lege den Pinsel weg, um zur Haustür zu gehen. Ob das schon Pippos Herrchen ist?

Vor mir steht Oles Mutter und hält Tim an der Hand. Er ist käsig und sieht aus, als würde er sich gleich übergeben.

»Bei Ihnen kriegt Tim wohl nichts Süßes, oder?«, sagt Oles Mutter. »Er hat drei Stück Torte gegessen. Und Gummibärchen und Schokolade. Und dann noch Wiener Würstchen …«

Sie tätschelt Tim den Kopf. »Tschüss, Timmie, besuch uns mal wieder!«

Ich schließe die Tür, und im nächsten Moment rennt Tim los. Er schafft es gerade noch in die Gästetoilette. Hoffentlich trifft er die Schüssel.

Dreiundzwanzig. In Gedanken mache ich einen Strich auf meiner Liste. Zweiundzwanzigmal habe ich schon sauber gemacht, nachdem eines meiner Kinder sich übergeben hat. Wegen Magen-Darm-Infekt, zu vielen Kirschen, zu vielen Süßigkeiten oder einfach so. Gleich mache ich zum dreiundzwanzigsten Mal sauber. Manchmal ist Mama-Sein echt zum Kotzen.

Kapitel 8

… **in dem es einen Streit und eine Versöhnung gibt und ein Geheimnis gelüftet wird**

»Du, Schatz, wir müssen mal reden.«

Mit keiner Ankündigung kann man als Frau einen Mann schneller in die Flucht schlagen als mit diesem Satz. Deshalb sage ich ihn, als Daniel und ich schon im Bett liegen. Wenn er jetzt fliehen wollte, müsste er schon im Schlafanzug auf die Straße laufen.

»Aber nicht jetzt«, gibt er zurück und gähnt demonstrativ.

»Nein, am Wochenende. Paula übernachtet bei Leonie, und meine Eltern nehmen die Jungs.«

»Super«, brummt Daniel und ist im nächsten Moment eingeschlafen. Oder tut jedenfalls so.

Am Samstag stehen Daniel und ich vor dem Haus und winken. Wir winken, als Paula in das Auto von Leonies Mutter steigt. Wir winken, als Willi hinten links ins Auto meiner Eltern steigt. Wir winken, als Tim hinten rechts ins Auto meiner Eltern steigt. Wir winken so lange, bis die Autos um die Ecke verschwunden sind, und niemand mehr unser Winken sehen kann.

Dann blicken wir uns an.

»Und jetzt?«, fragt Daniel mit einem Hauch von Panik in der Stimme.

Es ist Jahre her, dass wir ein Wochenende zu zweit verbracht haben. Vielleicht hat er Angst, dass wir uns langweilen könnten. Vielleicht habe auch ich ein bisschen Angst.

»Wozu hast du denn Lust?«, frage ich.

In seinen Augen funkelt es. Ich kenne dieses Funkeln. Es bedeutet, dass Daniel sich Sex wünscht.

»Später«, sage ich und lächle.

Da Sex meiner Meinung nach am bequemsten im Liegen ist, kann man ihn am besten abends machen, wenn man sowieso schon im Bett liegt. Tagsüber kann man andere schöne Sachen machen: Spazieren gehen, Spiele spielen, Musik anhören, kochen, essen, reden …

»Also, dann reden wir zuerst«, schlägt Daniel vor. Er weiß ja, dass ich was auf dem Herzen habe. Wahrscheinlich stellt er sich vor, dass es besser ist, dieses Etwas aus der Welt zu schaffen, weil ich dann bessere Laune bekomme. Und mehr Lust auf Sex.

»Gut«, sage ich, »reden wir.« Ich hole tief Luft und überlege, wie ich Daniel am besten sagen soll, was ich ihm sagen will. Dass ich enttäuscht von ihm bin. Dass ich mich allein gelassen fühle. Dass ich mir mehr Unterstützung von ihm wünsche. Es ist ganz schön schwierig, jemandem so was zu sagen, ohne ihm wehzutun oder ihn zu verärgern. Vielleicht beschreibe ich ihm einfach mal, wie es mir geht.

»Ich fühle mich zurzeit ganz schön unter Druck«, fange ich an. »Die Arbeit an meinem Bilderbuch, der Haushalt, die Kinder, das alles stresst mich sehr.«

Daniel guckt betroffen.

»Es kommt mir vor, als könnte ich nichts richtig machen. Wenn ich arbeite, habe ich ein schlechtes Gewissen und denke, ich müsste bei den Kindern sein. Wenn ich bei den Kindern bin, habe ich ein schlechtes Gewissen und denke, dass ich arbeiten müsste.«

»Das tut mir leid«, brummt Daniel.

Ich warte darauf, dass er noch etwas sagt. So was wie: Was würde dir denn helfen? Was kann ich tun, damit es leichter für dich wird? Aber leider sagt er nichts. Dann muss ich es wohl selbst sagen.

»Ich wünsche mir mehr Unterstützung von dir, Daniel.«

»Mehr Unterstützung?«, sagt Daniel. »Wie soll denn das gehen? Du weißt doch, dass mein Job auch stressig ist!«

Daniel ist IT-Experte, das bedeutet, er hilft Leuten in Firmen dabei, mit ihrem Computer klarzukommen. Er hat so viel Spaß am Umgang mit Computern, dass es mir so vorkommt, als wäre sein Beruf gar keine richtige Arbeit für ihn. Mehr so eine Art Hobby, für das er auch noch Geld kriegt.

»Dein Job ist so stressig, wie du ihn dir machst«, sage ich ruhig. »Du könntest weniger Aufträge annehmen.«

»Dann verdiene ich aber auch weniger!«

»Dafür verdiene ich ja dann mehr«, sage ich. »Wir teilen uns den Haushalt und die Kinderbetreuung gerechter auf. Die Kinder freuen sich, wenn du mehr zu Hause bist. Und ich habe mehr Zeit zum Zeichnen.«

Daniel sieht nicht so aus, als freue er sich über diesen Vorschlag. In seiner Vorstellung geht ein Mann hinaus ins wilde Arbeitsleben, jagt nach guten Aufträgen, schlägt sich tapfer gegen seine Gegner und Konkurrenten und kommt mit reicher Beute nach Hause, um seine Frau und seine Kinder zu ernähren. So hat er es von seinem Vater gelernt und der von seinem und so weiter.

Natürlich weiß er, dass diese Vorstellung ziemlich altmodisch ist und die meisten Familien heute ganz anders leben. Aber mit der praktischen Umsetzung dieser Einsicht tut er sich noch schwer.

»Muss ich drüber nachdenken«, sagt er und steht auf.

Gleich darauf sitzt er vor seinem Computer, und ich sitze am Zeichentisch. Unser kinderfreies Wochenende hatte ich mir anders vorgestellt.

Nachdem ich eine Weile herumgekritzelt und nichts Vernünftiges zustande gebracht habe, stehe ich auf und gehe zu Daniel. Ich setze mich ihm gegenüber und blicke ihn so lange stumm an, bis er den Laptop zuklappt.

»Wie stellst du dir das jetzt weiter vor?«, frage ich.

»Wie stelle ich mir was vor?«

Ärger zischt in mir hoch wie überkochende Milch. »Verdammt, Daniel! Da haben wir einmal einen Tag für uns, und du verdirbst ihn mit deiner schlechten Laune!«

»Du bist es doch, die mit allem unzufrieden ist«, sagt er beleidigt.

»Wenn ich mit allem unzufrieden wäre, würde ich mich scheiden lassen.«

»Mach doch.«

»Blödmann«, sage ich, rutsche auf seinen Schoß und lege ihm die Arme um den Hals. Ich tupfe ihm Küsse aufs Gesicht und fahre mit der Hand durch seine Haare. Ich erzähle Daniel, wie lange ich davon geträumt habe, ein Kinderbuch zu illustrieren. Dass dieser Auftrag die Chance ist, auf die ich gewartet habe. Dass ich mit meinen Bildern die Leute zum Staunen bringen möchte, damit sie sagen: »Wow, diese Clara Baumann ist ja eine fantastische Illustratorin, warum haben wir die erst jetzt entdeckt? Wir sollten ihr gleich einen nächsten Auftrag geben!«

Er hört mir aufmerksam zu und sagt schließlich: »Das wusste ich nicht.«

»Was?«

»Dass du diesen Traum hast. Ich dachte, es ist alles in Ordnung, wie es ist. Dass du gerne bei den Kindern bist und es schön findest, Zeit für sie zu haben.«

»Das tu ich ja auch«, sage ich, »aber mir macht eben auch das Zeichnen Spaß. Ich brauche nur ein bisschen mehr Unterstützung im Haushalt, dann schaffe ich beides.«

Daniel seufzt. »Findest du mich denn noch sexy, wenn ich in der Küchenschürze herumlaufe?«

Ich lächle ihn an. »Wenn du nichts drunter hast …«

Er zieht ein Gesicht, und wir lachen beide.

Kapitel 9

… in dem es um Träume geht und eine ungeplante nächtliche Autofahrt stattfindet

Es wurde dann doch noch ein schöner Nachmittag. Daniel und ich machten einen langen Spaziergang, saßen im Café in der Sonne und erzählten uns gegenseitig, wovon wir träumen. Daniel will unbedingt mal mit dem Fallschirm aus einem Flugzeug springen und nach Peru fahren, um auf den Machu Picchu zu steigen.

Ich träume davon, meine Bilder in einer Kunstgalerie auszustellen, und ich würde gern Italienisch lernen.

»Italienisch?«, fragte Daniel erstaunt. »Wofür?«

»Einfach so. Ich liebe den Klang.«

Ich weiß, dass er das nicht versteht. Für Daniel muss alles einen Nutzen haben. Mir genügt es, wenn mir etwas Freude bereitet. Wir sind eben sehr verschieden, mein Mann und ich, deshalb streiten wir auch manchmal. Aber das Wichtige ist: Wir versöhnen uns wieder. Und lieben uns trotz unserer Verschiedenheit. Oder vielleicht gerade wegen ihr.

Als wir abends im Bett liegen und gerade mit dem Sex anfangen wollen, klingelt das Telefon. Daniel murmelt: »Lass es klingeln«, und küsst weiter meinen Hals. Ich sage: »Aber, wenn was passiert ist?«

Wir führen einen kleinen Ringkampf auf, und schließlich kann ich mich befreien und ans Telefon gehen.

»Maaa…maaa…«, höre ich Willis zittriges Stimmchen. »Ich … hab … Angst. Will nach Hause.«

Meine Eltern wohnen fünfzig Kilometer weit

weg. Hin und zurück sind es anderthalb Stunden mit dem Auto. Es ist spät. Ich liege gerade so schön mit Daniel im Bett. Aber mein Kind hat Angst.

»Willi-Schatz, Oma und Opa sind doch da.«

»Die sslafen aber.«

»Na, dann weckst du sie jetzt einfach auf.«

»Nein«, sagte Willi entschieden.

»Aber, wieso denn nicht?«

»Oma und Opa darf man nich wecken.«

Das habe ich Willi beigebracht, als Oma und Opa mal zu Besuch waren und dringend ihren Mittagsschlaf brauchten, um das Tohuwabohu bei uns auszuhalten. Schön, wenn Erziehung so erfolgreich ist.

»Na, dann weckst du eben Tim«, schlage ich vor.

Am anderen Ende bleibt es still.

»Willi? Bist du noch da?«

»Tim is … weg.«

»Was?« Ich mache vor Schreck einen Sprung.

Daniel schaut mich besorgt an.

»Wieso ist Tim weg?«

»Er is mit dem Luca weg … aber ich darf zu niiiiemand was sagen …« Willi fängt an zu weinen. Ich habe das Gefühl, meine Haare stehen senkrecht zu Berge.

»Ganz ruhig, Willi«, sage ich. »Wer ist Luca?«

»Tims Freund.«

»Was darfst du zu niemandem sagen?«

»Is ein Geheimnis«, sagt Willi.

Ich versuche, Willi das Geheimnis zu entlocken, aber er bleibt standhaft. Mein tapferer kleiner Mann.

»Warte kurz, Willi«, sage ich und halte den Hörer zu. Ich erzähle Daniel, was passiert ist.

»Na, super«, sagt er. Gleich darauf sitzen wir im Auto.

Als wir bei Oma und Opa ankommen, sind beide wach. Willis Weinen hat sie schließlich doch geweckt. Willi springt in meine Arme und rührt sich nicht mehr weg. Nachdem wir ihn weiter löchern, erzählt er uns, was wir sowieso schon wissen: Dass Tim und sein Freund Luca sich irgendwo draußen herumtreiben. Wo, das hat Tim ihm wohlweislich nicht verraten.

Die Eltern von Luca, dem Nachbarsjungen, sitzen auch im Wohnzimmer. Die Mutter ist klein und dünn und hat ein Mäusegesicht, das ganz erschrocken aussieht. Immer wieder wählt sie auf ihrem Handy Lucas Nummer, aber er geht nicht dran. Lucas Vater ist groß und dick und schimpft mit rotem Kopf auf seinen Sohn.

»Der Saubua, der elendige, immer lauft er weg, und mir ham den Ärger.«

Kurz denke ich, dass ich an Lucas Stelle auch weglaufen würde. Trotzdem mache ich mir Sorgen. Ich stelle mir vor, wie die beiden im Dunkeln herumirren, irgendwo hinabstürzen und sich verletzen oder von einem bösen Mann gefangen und in einen Stall gesperrt werden.

»Das haben wir doch früher auch gemacht«, sagt mein Vater, »nachts heimlich abhauen und ein bisschen draußen herumstromern. Kinder brauchen Abenteuer.«

»Sollen wir nicht rausgehen und nach ihnen suchen?«, schlage ich vor.

»Damit am Ende alle draußen herumrennen?«, sagt Daniel. »Das bringt doch nichts.«

»Die kommen schon wieder«, sagt meine Mutter und tätschelt mir beruhigend die Hand. »Hier auf dem Dorf passiert doch nichts.«

Hah! Auf dem Dorf passieren die schlimmsten Verbrechen, davon kann man immer wieder in der Zeitung lesen! Kühe werden entführt, Heuschober angezündet, Maibäume gestohlen. Warum sollen kleine Jungen ausgerechnet hier sicher sein?

Ich bin wütend, dass meine Mutter so entspannt ist und ich überhaupt nicht entspannt bin. Hatte sie denn nie Angst um mich, als ich klein war? Sie müsste mich doch verstehen! Stattdessen gibt sie mir das Gefühl, ich sei eine überängstliche, hysterische Helikoptermutter.

Aber sie behält recht. Nach einer Stunde, in der wir verlegen herumsitzen und uns anschweigen, weil es schwierig ist, sich mit Lucas Eltern zu unterhalten, ertönen plötzlich leise Schritte auf dem Flur. Wir horchen auf.

Mein Vater steht auf und geht hinaus. Gleich darauf schiebt er die zwei Abenteurer ins Wohnzimmer. »So, da wären wir wieder.«

»Tim!«

»Luca!«

Lucas Mutter und ich springen gleichzeitig auf und reißen unsere Söhne an uns.

Lucas Vater holt aus, als wolle er seinem Sohn eine Ohrfeige verpassen. Im letzten Moment besinnt er sich und zieht die Hand zurück. Wahrscheinlich nur, weil wir dabei sind. Armer Luca. Es ist fast ein Uhr nachts, als wir uns auf den Heimweg machen. Willi und Tim schlafen sofort ein. Daniel und ich sitzen schweigend nebeneinander.

Ich habe schon wieder ein schlechtes Gewissen. War es egoistisch von mir, dass ich mir ein Wochenende allein mit Daniel gewünscht habe?

Hätte ich Willi und Tim nicht bei meinen Eltern übernachten lassen sollen? Bin ich eine schlechte Mama?

Ich blicke zu Daniel, der müde, aber zufrieden mit sich und der Welt auf die dunkle Straße blickt. Offenbar hat er sogar die Enttäuschung darüber verwunden, dass aus dem Sex nichts geworden ist.

Ich wette, er hat sich noch nie gefragt, ob er ein schlechter Papa ist.

Kapitel 10

… in dem es ziemlich hoch hergeht und noch mehr Geheimnisse ans Tageslicht kommen

Am nächsten Tag sprechen wir ein ernstes Wort mit Tim. Dass nächtliches Abhauen absolut nicht geht. Schon gar nicht, wenn Oma und Opa die Verantwortung haben. Und wie fies es von ihm war, Willi mit reinzuziehen.

Erst ist Tim bockig, aber allmählich kommt er zur Vernunft. Schließlich entschuldigt er sich sogar bei Willi.

»Tut mir leid, Kumpel.«

»Sson okay«, gibt Willi großmütig zurück.

Die beiden machen High Five, und der Familienfrieden ist wieder hergestellt.

Bis Paula kommt. Mit ihr kommt eine fast elektrische Spannung ins Haus.

Sie sieht aus, als hätte sie die ganze Nacht nicht geschlafen. Unter ihren Augen liegen Schatten, sie ist blass.

»Geht's dir gut, Mäuschen?«, frage ich besorgt.

»Ich bin nicht dein Mäuschen«, blafft sie zurück.

»Hey«, sage ich gekränkt, »nicht in diesem Ton!«

Sie gibt keine Antwort.

»Wie war's bei Leonie?«

»Okay.«

»Geht's ein bisschen genauer?«

»Nö.«

Sie wirft sich aufs Sofa und hält ihr Handy vor die Nase. Willi kuschelt sich neben sie. Anders als sonst vertreibt Paula ihn nicht, sondern legt sogar den Arm um ihn. Sie gucken zusammen

Katzenvideos. Willi gackert begeistert vor sich hin.

Plötzlich macht es »Pling«. Paula hat eine WhatsApp-Nachricht erhalten. Sie schubst Willi weg und setzt sich auf. Willi fällt vom Sofa und schlägt mit dem Kopf gegen den Beistelltisch.

»Auuuuua!« Er weint.

Paula ignoriert ihn. Wie hypnotisiert starrt sie aufs Display.

Plötzlich packt mich eine Wut, die ich nicht von mir kenne. Ich entreiße Paula das Handy. »Jetzt reicht's!«

Sie kreischt laut auf. »Gib her!«

Ich stecke das Telefon ein und wende mich Willi zu, der weinend am Boden sitzt. Zwischen seinen Haaren sickert Blut durch. Erschrocken untersuche ich die Wunde. Muss er genäht werden? Soll ich ihn zum Arzt bringen?

»Scheiß-Mama!«, schreit Paula und versucht, mir das Handy zu entwinden. Offenbar ist es ihr völlig egal, dass ihr kleiner Bruder verletzt ist.

In diesem Moment sehe ich vor meinem Gesicht weißes Licht auflodern, ich kann nicht mehr klar denken.

»Du egoistisches Biest!«, brülle ich sie an und hebe die Hand, als wollte ich sie schlagen. Im letzten Moment kann ich mich beherrschen.

»Siehst du denn nicht, dass Willi verletzt ist?«, schreie ich weiter. »Und dein verdammtes Scheißhandy ist konfisziert, damit das klar ist!«

Für einen kurzen Moment senkt sich bleierne Stille über uns. Dann fängt Paula zu schreien an. »Papa! Die Mama rastet total aus! Paaaapa!«

Vor lauter Schreck ist Willi verstummt und schaut mich mit tränenumflortem Blick an. »Mama«, murmelt er entsetzt.

Oh Mann. Drei Kraftausdrücke in zwei Sätzen, und das Ganze in der Lautstärke eines startenden Düsenflugzeuges. Dazu die erhobene Hand, wie bei Lucas Vater, diesem primitiven Kerl. Das ist mir noch nie passiert. Bei uns wird nicht geschlagen, das ist Gesetz in unserer Familie. Und es wird nicht gebrüllt. Brüllen ist auch Gewalt, fast so schlimm wie Schläge.

Nun kommen mir auch die Tränen.

Daniel stürmt ins Zimmer, sieht uns alle drei am Boden hocken, verheult und verstört. »Was ist denn hier los?«, fragt er.

Anklagend, aber auch ein kleines bisschen triumphierend zeigt Paula mit dem Finger auf mich. »Die Mama hat mich angebrüllt! Fast hätte sie mich gehauen! Und sie hat mich egoistisches Biest genannt! Und verdammtes Scheißhandy hat sie auch noch gesagt!«

»Es tut mir leid«, sage ich, »ich hab' die Nerven verloren.«

Daniel blickt mich an, eher besorgt als vorwurfsvoll.

Ich versuche, Paula zu umarmen. »Es tut mir leid, Paula. Bitte entschuldige.« Aber so schnell lässt Paula sich nicht versöhnen. Sie nutzt den Moment, um mir das Handy aus der Hosentasche zu ziehen, und stürmt aus dem Zimmer.

»Auuuua«, fängt Willi nun wieder zu jammern an.

Wir beugen uns über ihn. Ich schiebe vorsichtig seine Haare auseinander, und Daniel tupft mit einem Papiertaschentuch das Blut weg.

»Nur eine kleine Platzwunde«, sagt er beruhigend. »Nicht so schlimm.«

Ich seufze tief.

Zum Abendessen taucht Paula auf und tut so, als wäre nichts passiert. Ich überlege, ob ich sie auf den Vorfall ansprechen soll, warte aber lieber auf eine Gelegenheit, bei der nicht die ganze Familie mit großen Ohren dabeisitzt.

Offenbar hat Paula ein schlechtes Gewissen, denn sie ist auffallend freundlich. Zuerst hilft sie freiwillig beim Tischdecken, was einer mittleren Sensation gleichkommt. Beim Essen unterhält sie sich sogar mit uns – auch nicht gerade eine Selbstverständlichkeit.

»Alles okay mit dir, Kleiner?«, fragte sie Willi und zeigt auf das Pflaster an seinem Kopf.

»Klar«, sagt Willi cool.

»Lecker, die Lasagne«, sagt Paula und nimmt sich noch was. Sie scheint regelrecht ausgehungert zu sein.

»Wie war's denn bei Leonie?«, fragt nun auch Daniel.

»Gut«, sagt sie und sieht ihn dabei nicht an.

»Was habt ihr gemacht?«

»Nichts. Nichts Besonderes. Nur einen Film angeschaut.« Ihr Gesicht rötet sich. Paula kann vieles. Gut lügen kann sie nicht.

Wieder das Pling-Geräusch. Obwohl Handys bei uns am Esstisch verboten sind, reißt Paula ihres aus der Tasche und starrt aufs Display, als hinge ihr Leben von dem ab, was dort zu lesen ist. Ein verträumtes Lächeln überzieht ihr Gesicht.

»Paula ist verliiiebt, Paula ist verliiiebt«, singt Tim.

Das Lächeln verschwindet. »Halt die Klappe«, zischt sie ihn an.

»Legst du bitte sofort das Telefon weg!«, sagt Daniel streng.

Ganz plötzlich kommt mir ein Verdacht. Eine dieser mütterlichen Eingebungen, die man nicht erklären kann.

»Entschuldigt bitte, ich bin gleich wieder da.« Ich stehe auf und gehe zum Klo.

Ich bin mit Leonies Mutter auf Facebook befreundet, wo sie gern ausführlich von ihren Aktivitäten berichtet. Ich schaue nach, was sie gestern Abend gepostet hat. Na bitte: Ein Foto von sich und einer Freundin in einem Restaurant. Dazu schreibt sie: Lecker essen mit meiner alten Freundin Martina. Danach gehen wir mal wieder so richtig feiern!

Dann war Leonies Mutter wohl nicht die Einzige, die gestern gefeiert hat. Heimliche Partys sind gerade der totale Renner in Paulas Klasse. Nun ist mir auch klar, warum sie so übernächtigt ist.

Ich ziehe zur Tarnung die Klospülung und gehe zurück an den Esstisch.

»Wie war eigentlich eure Party gestern?«, frage ich Paula beiläufig.

Sie starrt mich entgeistert an. »Woher … woher weißt du das?«

Ich muss innerlich kichern. Das wüsstest du wohl gern! Natürlich verrate ich ihr nicht, woher ich es weiß. Soll sie ruhig denken, ich hätte übersinnliche Fähigkeiten. Vielleicht macht sie weniger Quatsch, wenn sie glaubt, ich könnte sie aus der Ferne überwachen.

Kapitel 11

Kein Streit!
Keine Kerzen!
Keine Computerspiele!

… in dem endlich
wieder Tiere
auftauchen und es
zu einer unerwarteten
Premiere kommt

Mein Wutausbruch liegt mir auf der Seele. Als Paula am nächsten Tag aus der Schule kommt, nehme ich sie zur Seite.

»Es tut mir echt leid, Paula. Bist du noch sauer auf mich?«

Paula lässt mich zappeln. »Ein bisschen schon«, sagt sie schließlich. »Aber ich hab' mich ja auch ganz schön blöd benommen.«

So viel Einsicht hätte ich gar nicht von ihr erwartet. »Das stimmt«, sage ich überrascht, »trotzdem hätte ich nicht so ausrasten dürfen.«

»Wolltest du mich wirklich schlagen?«

Ich nicke betreten. »Ich war ziemlich kurz davor.«

»Hab' ich jetzt was gut bei dir?« Paula grinst.

Ich lächle erleichtert zurück. »An was denkst du denn?«

Sie zieht einen verknitterten Flyer aus dem Schulranzen und streicht ihn glatt. Kätzchen zu verschenken ist die Überschrift. Unter dem Foto einer Katze mit ihrem Wurf steht: Unsere Ella hat sieben süße Babys bekommen, die wir gerne in gute Hände abgeben wollen.

Ich seufze. Das nächste Schlechtes-Gewissen-Thema. Schon lange wollte ich mit Daniel darüber reden, aber es war einfach keine Zeit dazu.

»Papa und ich denken noch mal darüber nach, okay?«, sage ich ausweichend.

»Echt?« Mit großen Augen sieht sie mich an. Das ist das erste Mal, dass ich nicht sofort kategorisch NEIN gesagt habe.

Hoffnungsvoll hüpft Paula mit dem Katzen-Flyer davon.

Nach dem Mittagessen ziehe ich mich an den Zeichentisch zurück. Es geht zwar langsam voran mit meiner Arbeit, aber mit etwas Glück werde ich wohl rechtzeitig fertig. Das Mädchen mit dem Hund ist mir beim dritten Anlauf endlich gelungen. Nun zeichne ich das Mädchen in der Schule, inmitten einer Gruppe von Freunden. Je länger ich zeichne, desto größer wird die Ähnlichkeit des Mädchens mit Paula.

Ich stelle mir vor, was die alles mit ihren Freunden erlebt und wie wenig ich davon erfahre. Heimliche Partys, Verabredungen, neue Bekanntschaften …

Ist sie wirklich verliebt? Und wenn ja, in wen? Paula ist die Weltmeisterin im Nicht-Erzählen. Und es kommt mir so vor, als hätte sie sich seit einiger Zeit in dieser Disziplin sogar noch gesteigert. Immer mehr wird sie in Zukunft ihrer eigenen Wege gehen und uns immer weniger davon erzählen. Und irgendwann wird sie ausziehen und ihr eigenes Leben führen. Bei dieser Vorstellung bin ich erst stolz, dann werde ich ein bisschen traurig.

Womöglich ist die Idee mit dem Haustier gar

nicht so übel. Wenn Paula endlich ein Tier hätte, würde sie vielleicht öfter zu Hause bleiben. Und mit dem Tier knuddeln, statt mit Jungs.

Ein bisschen schäme ich mich für diesen Gedanken, trotzdem finde ich ihn ganz tröstlich.

Gegen fünf höre ich auf zu arbeiten und überlege mir, was ich heute Abend anziehen soll. Ich bin zu einem Essen mit lauter wichtigen Leuten eingeladen. Es werden kommen: Die Frau, die mir den Auftrag für die Illustration des Kinderbuches gegeben hat. Die Frau, die das Buch geschrieben hat. Und der Mann, der für die Herstellung des Buches zuständig ist. Ich bin schon aufgeregt und probiere eine halbe Stunde lang Sachen an, weil mir nichts schön genug erscheint. Schließlich entscheide ich mich für einen blauen Rock und einen hellgrauen Pullover, dazu trage ich einen gemusterten Seidenschal. Ich stelle fest, dass ich dringend neue Schuhe bräuchte. Ich putze und poliere die alten so lange, bis sie einigermaßen glänzen.

Um viertel vor sechs klingelt das Telefon. Daniel.

»Es tut mir leid, Clara, ich verspäte mich. Vor neun kann ich nicht zu Hause sein.«

»Wie bitte?« Ich glaube, nicht richtig gehört zu haben.

»Ich sitze in einem wichtigen Meeting.«

»Ein einziges Mal bitte ich dich um Unterstützung«, sage ich aufgebracht, »und natürlich lässt du mich im Stich!«

»Wieso ›natürlich‹?«

»Weil deine Arbeit immer wichtiger ist als meine! Weil du nie Rücksicht auf mich nimmst! Ich hab's wirklich satt!«

Am anderen Ende ist es still.

»Hast du das gehört«, rufe ich, »ich habe es satt!«

»Beruhig dich doch, Clara.« Daniels Stimme klingt, als wolle er ein tobendes Kleinkind zur Vernunft bringen, was mich noch wütender macht.

»Ich beruhige mich überhaupt nicht«, rufe ich und drücke ihn weg.

Gleich darauf klingelt es wieder, ich gehe nicht dran. Soll er doch bleiben, wo der Pfeffer wächst!

Dann versuche ich doch, mich zu beruhigen, und denke nach. Um halb sieben muss ich aus dem Haus. Wenn Daniel um neun kommt (Betonung auf »wenn«), sind die Kinder für zweieinhalb Stunden allein. Das muss doch wohl möglich sein, ohne dass sie sämtliche Süßigkeitenvorräte plündern, sich gegenseitig abmurksen oder das Haus anzünden!

»Paula, Willi, Tim!«, rufe ich. »Sofort hierherkommen!«

Zu meiner Überraschung kommen alle drei Kinder aus verschiedenen Richtungen angerannt und stellen sich vor mir auf wie kleine Soldaten. Mein Kommandoton hat seine Wirkung nicht verfehlt. Fehlt nur noch, dass sie salutieren.

Ich erkläre ihnen die Situation und beschwöre sie, sich gut zu benehmen, bis ihr Vater kommt. »Kein Streit, keine Kerzen, keine Computerspiele! Wenn ihr wollt, dürft ihr fernsehen.«

»Fernsehen?«, mault Tim. »Langweilig.«

»Und nicht weggehen«, sagt Willi, der offenbar fürchtet, seine Geschwister könnten wieder zu nächtlichen Abenteuern aufbrechen und ihn alleine lassen.

»Genau, Willi!«, pflichte ich ihm bei. »Und du bist verantwortlich, Paula! Wenn irgendwas ist, rufst du mich sofort an.«

»Kein Ding«, sagt Paula lässig.

Ja, klar, denke ich. Du kriegst vermutlich eh nicht mit, wenn die Bude brennt, weil du so be-

schäftigt mit deinem verdammten Handy bist.
Es ist das erste Mal, dass die Kinder abends alleine sind, wenn auch nur für ein paar Stunden.
Trotzdem bin ich nervös wie ein Rennpferd vor
dem Start.

Kapitel 12

… in dem alles schiefgeht, was schiefgehen kann, und Clara darüber nachdenkt, sich scheiden zu lassen

Noch nie war ich in so einem schicken Restaurant. Auf den Tischen liegen weiße Tischdecken und Stoffservietten, das Silberbesteck glänzt, in den Weingläsern spiegeln sich die Flammen der Kerzen, die ein vornehmes Licht verbreiten. Die Kellner tragen schwarze Anzüge und verbeugen sich die ganze Zeit.

Ich kann's kaum erwarten, mich mal wieder mit erwachsenen Menschen zu unterhalten – das kam in letzter Zeit nicht oft vor bei mir. Meine Gastgeber sind schon da und heißen mich herzlich willkommen.

Wir haben kaum die Vorspeise bestellt, da leuchtet das Display meines Handys auf, das ich stumm geschaltet und neben meinen Teller gelegt habe. Nachricht von Paula: willi will nicht ins bett er nervt.

Warum können diese Kinder keine korrekte Groß- und Kleinschreibung verwenden, von Punkt und Komma ganz zu schweigen? Was lernen die eigentlich in der Schule?

Kurz darauf kommt die nächste Nachricht: jetzt schreit er wie am spieß!!! kannst du mal anrufen???

Fragezeichen gehen also. Ausrufezeichen auch.

Die Vorspeise kommt. Ein köstlich angemachter bunter Salat mit gegrillten Scampi. Mir läuft das Wasser im Mund zusammen. Mein Handy vibriert. Ich zögere einen Moment, dann lasse ich es in meine Handtasche gleiten. Dort vibriert es weiter.

Der Herstellungsleiter zeigt mir auf seinem Tablet verschiedene Ideen für die Umschlaggestaltung. Wir überlegen gemeinsam, welche Schrift passen könnte und welche Farben dominieren sollten.

Die Autorin wirft die Hände in die Luft. »Von Grafik habe ich wirklich keine Ahnung. Wie gut, dass wir Sie haben, Clara! Ihre Bilder sind ganz wunderbar.« Sie lächelt mich an.

»Dafür könnte ich nie ein Buch schreiben«, erwidere ich verlegen. Wie gut es sich anfühlt, mal wieder gelobt zu werden!

Als ich den Salat gegessen habe, entschuldige ich mich und gehe zur Toilette. Ich nehme das Handy aus der Tasche und rufe zu Hause an.

»Mensch, Mama, wieso meldest du dich denn nicht?«, faucht Paula mich an. Im Hintergrund höre ich Willi brüllen.

»Gib ihn mir mal.«

Mit Engelszungen rede ich auf Willi ein und verspreche ihm für die nächsten Tage das Blaue vom Himmel runter, wenn er jetzt Ruhe gibt. Pfannkuchen mit Nutella, Fernsehen, einen Besuch im Zoo. Manchmal geht Erziehung nur mit Bestechung. Irgendwann hört er auf zu heulen, schluchzt nur noch manchmal kurz auf.

»Waaaann kommst duuuuu, Mama?«

»Als Erster kommt Papa, und dann komme ich auch bald. Aber da schläfst du schon tief und fest.«

Ein letzter Schluchzer. »Okeeee, Mama.«

Ich atme auf und kehre an den Tisch zurück.

»Tut mir leid, meine Kinder sind heute Abend zum ersten Mal allein.«

Alle drei zeigen großes Verständnis. Die Frau, die das Buch geschrieben hat, erzählt von ihren Kindern und wie toll ihr Mann sie unterstützt. Dass er oft kocht und sich um alles kümmert, wenn sie verreisen muss. Dass sie ohne ihn ihren Beruf gar nicht ausüben könnte.

Bei mir ist es genau andersherum, denke ich. Ich kann mit meinem Mann meinen Beruf nicht ausüben. Er kocht nie, kümmert sich um nichts, und wenn ich tatsächlich mal verreisen müsste, würde er wahrscheinlich mit den Kindern in ein Hotel ziehen. Ich bin so wütend auf Daniel, dass ich das Gefühl habe, mir steigen kleine Rauchwölkchen aus den Ohren. Soll ich mich doch von ihm scheiden lassen? Einen Moment lang verliere ich mich in Fantasien, dann wird mir klar, dass meine Situation dadurch auch nicht einfacher werden würde. Ich hätte immer noch meine Arbeit und die Verantwortung für die Kinder. Dafür aber statt eines unzuverlässigen Mannes, der wenigstens manchmal mithilft, gar keinen Mann mehr.

Die Hauptspeise kommt. Hirschragout, Spätzle und Preiselbeeren, mein absolutes Lieblingsgericht. Ich habe noch nicht die Hälfte gegessen, da vibriert mein Handy. Anruf von Daniel. Ich gehe nicht dran. Zwei Minuten später leuchtet eine Nachricht auf: Tut mir leid, es wird noch etwas später.

Ich lasse die Gabel sinken und hole tief Luft. Ruhig bleiben, sage ich zu mir selbst. Aaaaaatmen.

»Ist alles in Ordnung?«, fragt die Frau mit dem tollen, hilfsbereiten Ehemann und blickt mich besorgt an. Ob sie die Rauchwölkchen aufsteigen sieht?

»Alles bestens«, sage ich durch zusammengebissene Zähne.

Wir unterhalten uns darüber, welche Werbeaktionen für das Buch sinnvoll wären und ob man T-Shirts und Baseballkappen mit meinen Bildern bedrucken soll. Ein Video-Spot fürs Internet soll gedreht werden, die Autorin und ich sollen Interviews dafür geben. Die Frau vom Verlag möchte wissen, ob ich zur Kinderbuchmesse nach Bologna kommen kann, um das Buch vorzustellen. Ich frage mich, wie ich eine

Reise nach Italien organisieren soll, wenn ich nicht mal ungestört bei einem Abendessen sitzen kann. Aber natürlich lasse ich mir meine Zweifel nicht anmerken, sondern sage, dass ich kommen werde.

Endlich passiert all das, wovon ich geträumt habe! Meine Bilder werden von vielen Menschen gesehen werden, mein Name wird bekannt, ich werde noch mehr Bücher illustrieren. Ich kann mein Glück kaum fassen. Gleichzeitig bin ich mit den Gedanken die ganze Zeit zu Hause und male mir aus, was alles passiert sein könnte. Warum ruft Paula nicht mehr an?

Zwischen Hauptgang und Nachtisch entschuldige ich mich ein zweites Mal und gehe wieder zum Klo. Ich wähle die Nummer von zu Hause. Niemand geht dran.

Ich wähle Paulas Handynummer. Sie geht nicht dran. Nun bin ich endgültig in Panik.

Kurz nach dem Nachtisch verabschiede ich mich. Ich bin zu nervös, um den Abend noch genießen zu können. Bestimmt denken die anderen jetzt, mir wäre es nur um das leckere Essen gegangen. Wie peinlich!

Zu Hause pralle ich fast mit Daniel zusammen, der gleichzeitig mit mir eintrifft. Ich stürme die Treppe hinauf. Alles ist ruhig, die Kinder liegen in ihren Betten und schlafen. Ohne ein Wort zu sagen, gehe ich in mein Arbeitszimmer. Ich setze mich an den Tisch und überlege, was ich jetzt tun soll. Ich bin zu wütend, um mit Daniel zu reden. Andererseits bin ich auch zu wütend, um nicht mit ihm zu reden.

Im nächsten Moment steht er vor mir. »Clara, was ist los? Wieso bist du so sauer?«

Ich schnaube wie ein aufgeregtes Pony. »Wenn du das nicht weißt, haben wir echt ein Problem!«

»Ist doch alles gut gegangen!«, sagt Daniel. »Das Haus steht noch, die Kinder leben, alles in Ordnung!«

»Du hast versprochen, heute mal pünktlich zu sein!«

Daniel zuckt die Schultern. »Die Besprechung hat eben länger gedauert. Ich konnte nicht einfach gehen.«

»Und wieso nicht?«, blaffe ich.

»Weil es unser wichtigster Kunde war«, sagt Daniel. »Ich will nicht schuld sein, dass wir den Auftrag verlieren.«

»Immer sind die anderen wichtiger«, rufe ich.

»Ich hätte auch meinen Auftrag verlieren können!«

»Hast du aber nicht, oder?«

Daniel zaubert ein jungenhaftes Lächeln auf
sein Gesicht, mit dem er mich meistens herum-
kriegt. Diesmal bringt es mich endgültig aus der
Fassung. Ich springe auf und schreie ihn an: »Du
nimmst mich überhaupt nicht ernst!«

Ich donnere mit meiner Faust auf den Tisch.
In diesem Moment steht Paula verschlafen blin-
zelnd an der Tür. »Wieso schreist du schon wieder, Mama?«

Plötzlich wird es ganz still. Ich sehe, wie Paulas Augen sich vor Schreck weiten.

Mein Blick fällt auf den Zeichentisch. Das Pinselglas ist umgefallen. Unaufhaltsam breitet sich
eine schmutzige Pfütze aus, erfasst die Unter-
lage, herumliegende Stifte, die Zeichnungen,
meine ganze Arbeit der letzten Wochen …

Ich stoße einen Schrei aus, greife nach den
Blättern, will sie vor der Zerstörung retten. Sie
flattern zu Boden, verteilen sich um den Tisch,
und von oben tropft graubraunes Wasser auf sie
hinunter.

Mir wird erst heiß, dann eiskalt, ein Schwin-
del erfasst mich, ich greife nach der Tischplatte,

will mich festhalten, aber da versinkt die Welt um mich her schon in einer großen, tiefen Schwärze.

Kapitel 13

**… in dem allen alles
furchtbar leidtut
und endlich mal Clara
richtig wichtig ist**

Als ich wieder aufwache, weiß ich zuerst nicht,
wo ich bin. Wiuwiuwiu macht eine Sirene, draußen flackert blaues Licht. Ich bin in einem Krankenwagen!

Neben mir sitzt Daniel und hält meine Hand.
Er ist blass und sieht aus, als würde er gleich anfangen zu weinen.

Zwei Sanitäter sind mit im Wagen, der eine misst meinen Blutdruck und kontrolliert eine Infusion, die an meinem Arm hängt. Der andere fragt Daniel alle möglichen Sachen und schreibt seine Antworten auf.

Ich mache die Augen zu und döse wieder ein. Ich kriege mit, wie der Wagen anhält und ich auf der Liege hinaus- und ins Krankenhaus hineingeschoben werde. Eine junge Ärztin untersucht mich, Leute laufen umher, ich höre Geräusche und Gemurmel. Interessiert mich alles nicht. Ich will schlafen. Nur schlafen.

Als ich das nächste Mal aufwache, ist es draußen wieder hell. Es müssen viele Stunden vergangen sein. Neben mir auf dem Nachttisch steht ein Glas Tee, auf einem Teller wellen sich zwei Scheiben Brot in Gesellschaft eines Butterstückes und eines Plastikdöschens mit Marmelade.

Ich sehe mich im Zimmer um. Das Bett neben mir ist leer. Das Fenster geht zu einem begrünten Innenhof. An der Wand hängt das Bild einer Landschaft in einem Holzrahmen. Es gefällt mir nicht. Ich wünschte, ich hätte Farben und Pinsel dabei und könnte darin herummalen, damit es schöner wird.

In diesem Moment fällt mir ein, was passiert ist. Das Pinselglas! Das ganze Wasser! Meine Zeichnungen! Leise wimmere ich vor mich hin.

Ich muss Daniel anrufen. Ich muss wissen, wie viele Zeichnungen kaputt sind und wie viel Zeit ich noch habe, um sie neu anzufertigen. Er muss im Verlag anrufen. Dieser Auftrag ist meine große Chance, ich darf ihn nicht verderben!

Ich taste auf dem Nachttisch herum und finde mein Mobiltelefon. Es ist ausgeschaltet. Ich bin zu erschöpft, um es einzuschalten, und lege es wieder weg.

Eine Krankenschwester kommt rein, erkundigt sich, wie es mir geht, und sagt, ich solle essen und trinken. Ich sage ihr, dass ich nach Hause will. Sie lacht. »Gleich kriegen Sie Besuch, dann geht's Ihnen besser.«

Besuch? Ich will keinen Besuch. Ich will nach Hause in mein Bett und eine Million Jahre schlafen.

Ich schrecke aus einem Traum hoch, in dem ich meine Zeichnungen mit der Angel aus einem Fluss fische. Auf den Blättern ist nur noch verwischte Farbe, ich angle und angle, aber es werden immer mehr Blätter, und ich werde immer verzweifelter und weiß, dass ich das Buch niemals fertig bekommen werde.

»Mama!«, ertönt eine Stimme, ich höre trippelnde Schritte und im nächsten Augenblick klettert Willi zu mir ins Bett. Ich schließe ihn in die Arme.

Ein bisschen schüchtern folgen Paula, Tim und Daniel. Paula legt ein Sträußchen selbst gepflückter Blumen neben mir ab. »Für dich, Mama.«

Tim trägt ein Klemmbrett unter dem Arm und hält einen Stift in der Hand.

»Hallo, Mama«, sagt er und blickt verlegen auf den Boden.

Daniel legt eine Packung meiner Lieblingspralinen vor mich auf die Bettdecke.

»Oh«, sage ich, »danke.«

»Wie geht's dir?«, fragt er.

»Du hast ein Börnautss«, erklärt Willi mit wichtiger Miene. »Deshalb biss du umgefallen.«

»Das heißt Burnout«, korrigiert Paula und verdreht die Augen.

Daniel setzt sich zu mir auf die Bettkante. »Du hast ja gar nichts gegessen«, sagt er mit Blick auf das unberührte Frühstück.

»Ich hab' keinen Hunger. Außerdem will ich jetzt sofort nach Hause.«

»Sei vernünftig«, sagt Daniel. »Sie wollen dich noch zwei, drei Tage hierbehalten und ein paar Untersuchungen machen. Nur um sicher zu sein, dass alles in Ordnung ist.«

Zwei, drei Tage? Ich stöhne entsetzt.

»Und du sollst eine Kur machen«, fährt Daniel fort.

»Eine Kur? Ich denke ja nicht daran. Ich gehe nach Hause und arbeite weiter.«

Im gleichen Moment wird mir klar, was für ein Blödsinn das ist. Ich fühle mich so kraftlos, dass ich nicht mal einen Pinsel heben könnte. Eine Kur brauche ich vielleicht nicht, aber Erholung auf jeden Fall.

Daniel drückt meine Hand. »Ich habe im Verlag angerufen.«

Aufgeregt richte ich mich ein Stück auf. »Wirklich?«

»Du hast sogar im Krankenwagen noch von deinen Bildern gesprochen. Und dass du wissen musst, wie viel Zeit du noch hast.«

»Und, was haben sie im Verlag gesagt?«, frage ich zaghaft.

Wenn ich sowieso fast wieder von vorne anfangen muss, können sie genauso gut eine andere Illustratorin beauftragen. Eine, die keine Kinder hat und einen Ehemann, der für sie kocht, sodass sie den ganzen Tag zeichnen kann und in einer Woche fertig ist.

»Sie lassen dich herzlich grüßen und wünschen dir gute Besserung«, sagt Daniel. »Jetzt verstehen sie auch, warum du so früh aus dem Restaurant nach Hause gegangen bist. Sicher ging's dir schon den ganzen Abend nicht gut.«

Ich bin zu kaputt, um zu widersprechen.

»Und … was haben sie noch gesagt?«

»Sie finden deine Zeichnungen so gut, dass sie dir sechs Wochen mehr Zeit geben als vereinbart. Du kannst die Bilder ganz in Ruhe fertig machen.«

Er guckt so stolz, als hätte er gerade den Machu Picchu bestiegen.

»Und wie soll ich das schaffen?«, frage ich. »Zu Hause habe ich doch nie Ruhe zum Arbeiten!«

Die Kinder blicken sich gegenseitig betreten an. Jetzt macht Tim, der bisher noch gar nichts gesagt und mich nur erschrocken angesehen hat, einen Schritt nach vorne und stellt sich neben mich.

»Wir haben einen Plan ausgearbeitet«, sagt er und legt das Klemmbrett vor mich hin. Ich sehe ein Gewirr aus Linien und Kästchen, die in verschiedenen Farben beschriftet sind. Es sieht aus wie der Schaltplan für ein sehr kompliziertes technisches Gerät.

»Also, das funktioniert so«, erklärt Tim, »das hier sind die Tage und die Stunden, und jeder von uns hat eine Farbe …«

»… ich bin grün!«, sagt Willi stolz.

»… und hier haben wir hingeschrieben, wer welche Aufgabe im Haushalt an welchem Tag macht, damit du genug Zeit zum Arbeiten hast. Mittwochs zum Beispiel: Da deckt Paula den Tisch, Willi holt die Getränke, und ich räume die Spülmaschine ein. Und alle zwei Wochen tauschen wir die Aufgaben, damit es gerecht ist.«

Tim strahlt vor Stolz. Ich streichle ihm über den Kopf. »Das ist wirklich toll, Timmi!« Fragend blicke ich vom einen zum anderen. »Das habt ihr euch zusammen ausgedacht?«

Vier Köpfe nicken. Vier? Ich schaue noch mal auf den Plan.

»Welche Farbe hast du denn, Daniel?«

»Blau« sagt er.

Blau beschriftete Kästchen gibt es ziemlich wenige. Genau genommen jeden Tag nur eines. »Spezialaufgaben« steht darin.

»Was sind denn Spezialaufgaben?«, frage ich neugierig.

»Na, alles, was Papas eben so machen«, erklärt er großspurig. »Und ...«

»Nicht verraten!«, schreien alle drei Kinder gleichzeitig.

»Wir haben nämlich eine Überrassung für dich!«, kündigt Willi feierlich an.

Jetzt kann ich es noch weniger erwarten, wieder nach Hause zu kommen als bisher schon. Aber das dauert wohl noch.

Als Daniel und die Kinder weg sind, liege ich still im Bett und denke nach.

Schon länger spüre ich, dass irgendwas bei mir schiefläuft, aber ich hatte bisher nicht die Zeit, mir Gedanken darüber zu machen, was es sein könnte. Vielleicht musste ich dafür erst zusammenklappen und ins Krankenhaus kommen. Auf den ersten Blick scheint es ganz einfach zu sein: Ich habe zu viel zu tun und zu wenig Zeit. Das verursacht mir so viel Stress, dass ich ein Börnautss gekriegt habe.

Wenn Daniel und die Kinder mir ab jetzt mehr helfen, wird alles wieder gut. Aber das ist nicht alles. Ich weiß, dass es noch einen anderen Grund für meinen Zusammenbruch gibt, und der hat mit mir zu tun.

Weil ich immer denke, ich müsste alles perfekt machen. Als würde die Welt untergehen, wenn mal ein bisschen Staub liegt. Wenn's mal kein warmes Essen gibt. Wenn die Kinder ungeduscht ins Bett gehen oder ich Kuchen für den Tag der offenen Tür kaufe, statt ihn selbst zu backen. Ich sehe mich selbst, wie ich die Schokoglasur des Nusskuchens zerdrücke, damit er perfekt unperfekt wirkt. Und denke, dass ich genau so werden müsste: perfekt unperfekt.

Muss ich wirklich jeden Tag Tims Hausaufgaben kontrollieren? Muss ich wissen, mit wem meine Tochter chattet? Muss ich die ganze Nacht wach liegen, nur weil ich vergessen habe, Willi seine Fluortablette zu geben? Muss ich jeden Streit zwischen den Kindern schlichten? Nein, muss ich nicht. Oder besser: Musste ich offenbar bisher, aber sollte ich in Zukunft nicht mehr müssen.

Sooft ich mich über Daniel ärgere, aber seine Methode, sich zum Beispiel bei Geschwisterstreit erst einzumischen, wenn es um Leib und Leben geht, hat bisher zu keinen bleibenden Schäden bei den Kindern geführt. Die Einzige, die wegen der ständigen Aufregung im Krankenhaus gelandet ist, bin ich. Vielleicht sollte ich mir ein bisschen was von ihm abgucken.

Es fällt mir schwer, mir das alles einzugestehen. Ich fühle mich nämlich auch ziemlich gut dabei, so eine tolle Mama zu sein. Eine Mama, die alles im Griff hat, an alles denkt, sich um alles kümmert und eher zusammenklappt, als ihre Aufgaben zu vernachlässigen. Eine Mama, die eine Auszeichnung verdient hat! Mama mit dem schönsten Börnautss aller Zeiten.

Kann ich mir was davon kaufen.

Kapitel 14

… in dem Clara
nach Hause kommt und
am Ende alles wieder
gut wird. Oder vielleicht
sogar noch besser

Endlich ist es so weit, ich darf wieder nach Hause! Daniel holt mich mit dem Auto ab. Er trägt meine Tasche, öffnet mir die Autotür, schließt sie wieder, fragt, ob alles in Ordnung ist, ob er das Fenster öffnen oder die Heizung einschalten soll. So viel Fürsorge kenne ich gar nicht von meinem Mann. Ich lächle in mich hinein. So ein Börnautss hat seine Vorteile!

Zu Hause angekommen bringt er mich ins Wohnzimmer. Er besteht darauf, dass ich mich aufs Sofa lege, und klopft mir die Kissen zurecht. »Du musst dich unbedingt schonen!«

Das ist alles ziemlich ungewohnt für mich, aber ich finde es sehr angenehm, so umsorgt zu werden. Das habe ich nicht mehr erlebt, seit ich als Kind krank war und meine Mama sich um mich gekümmert hat. Ich war schon seit Jahren nicht mehr krank. Und wenn ich es doch mal war, habe ich es ignoriert und einfach so weitergemacht, als wäre nichts.

Daniel kommt mit einer Tasse Tee und einem Teller Keksen zurück. »Du musst unbedingt essen, du bist ganz dünn geworden!«

Folgsam knabbere ich die Kekse, die besser schmecken als alles, was es in den drei Tagen im Krankenhaus zu essen gab.

»Heute Abend gibt es die beste Lasagne der Welt!«, kündigt Daniel an.

»Gekocht oder bestellt?«, frage ich.

»Gekocht natürlich«, sagt Daniel. »Vom Italiener.« Er grinst mich an.

Wäre ja auch ein Wunder gewesen, wenn er innerhalb von drei Tagen kochen gelernt hätte.

»Wo sind denn die Kinder?«, frage ich neugierig.

»Kommen gleich.«

Daniel setzt sich neben mich und legt mir seinen Arm um die Schultern. Sein Gesicht wird ernst. »Ich muss mich bei dir entschuldigen, Clara. Ich war wirklich ein … Stoffel.«

Ich muss lachen. »Was ist denn ein Stoffel?«

»Ein echt mieser Ehemann. Der nur seine eigenen Sachen im Kopf hat und nicht bemerkt, wie schlecht es seiner Frau geht. Und nicht zuhört, wenn sie versucht, es ihm zu sagen.«

Er hat plötzlich Tränen in den Augen. »Es tut mir so leid, dass du erst umkippen musstest, damit ich es endlich kapiere. Ich werde mich ändern, das verspreche ich dir ganz fest.« Dann blickt er mich treuherzig an. »Du bist doch meine allerliebste Clara auf der Welt!«

Ich lächle und schmiege mich an ihn. Das hat Paula immer zu uns gesagt, als sie noch klein war.

»Und du bist mein allerliebster Daniel auf der Welt«, erwidere ich und küsse ihn.

Dann lasse ich mich also erst mal doch nicht scheiden. Wenn Daniel so ist, wie er gerade ist, will ich nämlich auf der ganzen Welt nichts lieber, als mit ihm verheiratet zu sein.

Es klopft leise an der Tür.

»Jetzt kommt die Überraschung!«, kündigt Daniel feierlich an. »Augen zu!«

Gehorsam schließe ich die Augen. Ich höre, wie die Wohnzimmertür geöffnet wird, dann Getuschel und Gekicher. Schritte nähern sich dem Sofa.

»Augen auf, Mama!«, sagt Paula.

Ich schlage die Augen auf. Vor mir stehen meine Kinder, aufgereiht wie die Orgelpfeifen. Hinten Paula, in der Mitte Tim, vorne Willi. Er hält etwas im Arm. Ich erkenne nicht gleich, was es ist. Dann streckt er die Hände aus und legt mir ein winziges, bunt geschecktes Kätzchen in den Arm.

»Oh Gott, ist das süß!«, sage ich und merke, wie mein Widerstand gegen ein Haustier in Sekundenschnelle wegschmilzt. Mir fällt ein, dass ich mir eigentlich immer ein Tier gewünscht habe. Als ich klein war, haben meine Eltern es mir nicht erlaubt. Und seit ich erwachsen bin, glaube ich, dass ich keine Zeit dafür hätte.

Das Kätzchen klettert an mir hoch, kuschelt sich in meine Halskuhle und fängt an zu schnurren. Für ein so kleines Tier schnurrt es erstaunlich laut. Sein ganzer Körper vibriert. Das Vibrieren überträgt sich auf mich und fühlt sich unglaublich angenehm und beruhigend an. Am liebsten möchte ich für den Rest meines Lebens so liegen bleiben.

»Das ist Börnie«, sagt Paula.

»Er hilft gegen Börnoutss«, ergänzt Willi.

»Ich bringe ihm Kunststücke bei«, kündigt Tim an.

»Und wer füttert ihn?«, frage ich. »Und wer leert das Katzenklo?«

»Du hast doch gefragt, was meine Spezialaufgaben sind«, sagt Daniel. »Börnies Versorgung ist eine. Entweder ich kriege die Kinder dazu, sich um ihn zu kümmern, oder ich muss es selbst machen. Auf jeden Fall bin ich verantwortlich.«

»Damit es nicht an dir hängen bleibt«, sagt Paula.

»Und du nicht wieder ins Krankenhaus musst«, ergänzt Tim.

Willi nickt. »Wegen Börnautss.«

Die Kinder kuscheln sich um mich herum, schließlich kommt Daniel auch noch dazu, und wie ein großes Knäuel aus Liebe liegen wir auf dem Sofa und lauschen alle zusammen glücklich dem Schnurren des kleinen Katers.

Inhalt

Ausführliche Informationen über
unsere Autorinnen und Autoren und ihre Bücher
finden Sie unter www.dtv.de

Ebenfalls in der *Reihe Hanser* erschienen:

Hanna Johansen
Ich bin hier bloß die Katze (dtv 62437)

Jutta Richter
Ich bin hier bloß der Hund (dtv 62551)

Friedbert Stohner
Ich bin hier bloß der Hamster (dtv 62616)

Friedbert Stohner
Ich bin hier bloß das Pony (dtv 62636)

Jutta Richter
Ich bin hier bloß das Kind (dtv 62679)

Friedbert Stohner
Ich bin hier bloß das Schaf (dtv 62713)

Illustriert wurden alle Bände der Reihe
von Hildegard Müller

2021 dtv Verlagsgesellschaft mbH & Co. KG, München
Lizenzausgabe mit freundlicher Genehmigung der
Carl Hanser Verlag GmbH & Co. KG, München
© 2019 Carl Hanser Verlag GmbH & Co. KG, München
Umschlag, Gestaltung und Satz: Hildegard Müller
Druck und Bindung: Druckerei C.H.Beck, Nördlingen
Printed in Germany · ISBN 978-3-423-62740-5